再考

ファスト風土化する日本

変貌する地方と郊外の未来

三浦展

光文社新書

はじめに

本書は私が20年ほど前に考案した概念である「ファスト風土」について改めて考えてみようというものである。

私が「ファスト風土」という言葉を最初に使ったのは二〇〇一年である（「総郊外化し「ファスト風土」化する日本」『PSIKO』二〇〇一年一月号）。一月号の雑誌に書いているので、思いついたのは二〇〇〇年だろう。「総郊外化」の概念は文化地理学者オギュスタン・ベルク先生が宮城大学退官記念連続講演会（二〇〇〇年九月）に私をお呼びくださったときに先生が話されていたものであり、十二月十二日の「朝日新聞」に私はファスト風土化について論評を載せたので、九月から十一月の間に思いついたのだと推測する。

そして私は、二〇〇四年九月に洋泉社新書yとして『ファスト風土化する日本』を上梓した。大型店の出店規制が事実上解除された近年、日本中の地方のロードサイドに大型商業施設が出店ラッシュとなり、その結果、本来固有の歴史と自然を持っていた地方の風土が、まるでファストフードのように、全国一律の均質なものになってしまっているのではないか、というのが「ファスト風土」の言葉に込めた意味である。いうまでもなく、それは風土の「マクドナルド化Mcdonaldization」[1]である。

同書は新書としては相応の売上げを記録し、特に当時は岩手県に巨大なショッピングモールができたばかりであったために、東北地方で驚異的に売れた。逆に東京ではショッピングモールというものが存在しなかったので、問題意識が伝わらず、最初はあまり売れなかった。だがそういう中でも東京在住者も含めて同書を読んだ読者の多くは、商店街再生、まちづくりに関わる当時20代、30代の私より若い世代だった。

ファスト風土第一世代と第二世代

そのファスト風土について再考しようという企画を思いついたのは、近年、複数の大学からファスト風土論についての講義を依頼されたこと、有名大学の学生がファスト風土論をもとに修士論文を書いていることを知ったこと、リノベーション業界の複数の重要人物からファスト風土論に影響を受けたことや、本書にも寄稿いただいた小説家・山内マリコさんが著書の参考文献に『ファスト風土化する日本』を挙げておられたことなどを知ったからである。

右記の人たちのうち、修士課程学生以外は一九七六年から一九八〇年生まれである。『ファスト風土化する日本』が出た二〇〇四年、続編の『脱ファスト風土宣言』が出た二〇〇六年の時点で20代であり、現在の40代である。子ども時代がバブル時代だった世代であり、商店街の全盛期を知っている。そこで、彼らを仮に「ファスト風土第一世代」と名付けよう。

修士課程学生は一九九八年頃の生まれであろうから、ファスト風土化が現在進行形で急拡大した時代に生まれ育ったと言えるが、このように論文を書くほどファスト風土化に問題意識を持っている若者は、現在は少ないと思われる。現在の一般的な若者はファスト風土を所与の前提として、原風景として育ってきており、ファスト風土に対して強い違和感を持たない人が大多数ではないかと思われるのだ。ファスト風土の対極にある街を「にぎわいがない」「やる気がない」と感じる学生もいるという（第13章）。この世代を「ファスト風土第二世代」と名付けよう。

第二世代はファスト風土を原風景としているので、第二世代の価値観や美意識に対して第一世代はおそらく違和感を感じることがあるのだと思う。その違和感が、第一世代がファスト風土論を改めて考え、私に講義を依頼してくる一因ではないかと私は推理している。

もちろんファスト風土第一世代の中にも、ファスト風土が大好きな人もたくさんいる。そういう人たちから同書はかつてネットで非難された。今で言えば炎上である。

また非難ではないが、単にファスト風土的消費をあっけらかんと肯定する人もいた。たとえば中沢明子『埼玉化する日本』がそれだ。同書はあくまで消費空間としてファスト風土あるいはモールを捉えて、「わたしはそれが好き」と言っているだけであるが、ファスト風土論は現代社会論であり社会デザイン論なので、両者の議論は噛み合わない。

どのような見方、考え方があるにせよ、過去20年から30年の間に進んできたファスト風土化、今や日本の原風景になったとすら言えるファスト風土を、今、改めて考えることは意味のあることだと私は思う。というか、もう一度考えたらどうだと天からお告げがあった感覚だ。

実際、ファスト風土はもはや従来からあった自然的な風土と並ぶ、新しい風土として定着したように思える。私の育った新潟県の実家の近くのコンビニには新潟県産の米が売っていない。その代わり、決して新潟県でつくられたものではない、それどころかどこの国の何をどう加工してできたのかわからない食品が無数に並んでいる。それは全国同じ現象だろう。それが現代日本の風土になってしまったのだ。そういう現実は、単なる楽しい消費空間だからいいでしょ、という態度で肯定するべきものではない。

偉そうに言っている私も、若い頃は無駄な物をたくさん買ったので、中沢氏を非難する気はない。しかしこれ以上無駄な消費を増やすことを肯定する気もない。ファスト風土の肯定は大量生産・大量消費の肯定につながる。ＳＤＧｓに本気に取り組むなら、今後長期的にはファスト風土的消費は縮小させざるを得ないはずだ。

それにしても東京都心のファスト風土化が止まらない。神宮外苑再開発の図面など、唖然とするほどひどい。あえてひどい絵を描いて議論を盛り上げ、最後には議論を尽くしたから開発させてねという戦略だろうか。やることがないから壊してつくるだけで、良い都市、良い建築なんてつくる気はまるでないことがわかる。かなり絶望的である。

本書の構成

本書の序章はファスト風土化とは何かを読者に簡単に理解していただくために、『脱ファスト風土宣言』の序章の拙稿を簡略化し、少し加筆修正して再録した。

第Ⅰ部は、ファスト風土論再考という観点から比較的、分析的・批評的な原稿をお願いした。私は郊外住宅地研究を続けてきた過程で、一九六〇年代の団地映画、団地小説というものも見たり読んだりしてきたが、ファスト風土もまた日本人の新しい原風景となり、ファスト風土映画、ファスト風土小説、ファスト風土写真などが誕生してきたということだろう（二〇二一年公開の『由宇子の天秤』はまさにファスト風土の下流社会映画とも言うべきものだった）。

単に郊外やニュータウンを舞台にした映画、小説、アニメはこれまでも多数あったが、ファスト風土的な表現はこの10年ほどのことであろう。特に本書企画の一つのきっかけでもある山内マリコさんに原稿を快諾いただいたのは大変うれしいことであった。その他、まちづくり、リノベーション、食、地方論、若者論、ジェンダー論、アニメ論、写真論、映像論など多様な観点から論考を集めた。執筆者の皆様には深くお礼を申し上げたい。皆様には、本当であればもっと多くの字数を費やして本格的に論じてほしかったが、紙幅の都合で果たせなかったのが残念である。

第Ⅱ部は、ファスト風土化に抗する実践に関するものである。

『ファスト風土化する日本』の最終章「社会をデザインする地域」では、異質な人が混在しコミュニケーションすることが都市の魅力であることや、街に個人がコミットすることの重要性を説いている。街をスクラップアンドビルドするのではなく、古い街をリノベーションすることで街に「かけがえない」「記憶が重層的に残って」いくこと、そしてそこでは自分が住んで働くこと、個人店があること、街にいる人材や空き店舗などの資源を活かしてさまざまな活動をすること、歩いて楽しい街であること、つまりは街こそが子どもにとっての人生の学校であるべきことなどが説かれ、最後に、そうしたことを通じて、消費とパラダイスに過ぎないショッピングモールではない本当の街をつくり、その地域の社会問題を解決し、新しい社会・コミュニティをデザインしていくべきだと提案した。いわばスローでスモールでソフトな市民主導の（良き生活のための）まちづくりが、ファストでビッグでハードな企業主導の（金儲けのための）開発への対案として提案されたのである。

こうした主張により、同書はその後リノベーション業界の中心人物となる人々に多く読まれたのであろうと、今回自著を読み直して改めて痛感した。ほぼ20年後の現在、リノベーションがいかに街を再生し、元気にしてきたかを見れば、ファスト風土化一辺倒であるよりもずっと豊かな街ができてきたことは明らかである。

ただし憂慮すべきは、ファスト風土第二世代の特徴は、ヴァーチャル的世代でもあるということだ。子どもの頃からスマホを使いこなし、あらゆる情報をスマホから得て、ショッピングも娯楽もスマホの中で楽しんできた。こうした世代が増えると、リアルな街は本当に要らなくなってしまう。その点については第14章で触れた。

第Ⅲ部は、直近での脱ファスト風土的な開発・まちづくりなどの事例である。これらの事例以外でも既存の拙著何冊かで、私は脱ファスト風土的・「第四の消費」的な事例、つまり「つながり」「シェア」「脱消費社会」などのテーマを実現した事例をたくさん紹介してきた。しかし本書で紹介する事例は、大企業による開発の事例もある。そういうところに、私は日本の未来がようやく開け始めたと感じる。ファスト風土が好きな人も、多くは脱ファスト風土的なまちも好きなはずである。今後はさらに脱ファスト風土的なまちづくりが広がることを望む。

本書編集の過程で山内マリコさんや轡田竜蔵《くつわだりゅうぞう》さんの故郷であり、島原万丈さんがファスト風土の典型として原稿で取り上げた富山市を私は訪れた。富山市内を散策するのは初めてのことである。たしかに市内の郊外部には巨大なショッピングモールが複数あり、隣接する市にもある。だが富山ライトレールなど中心市街地活性化策でも有名な中心地は元気であり、一部のアーケードがシャッター通り化してはいるが、最新ブランドのブティックからセンスの良い古着屋や映画館もあり、子どもたちがローラースケートで遊ぶ広場もあって、私は、郊外に行かずに中心地だけで暮らせる富山はとても良い街だなと思った。私の故郷・新潟県上越市高田のように中心市街地の壊滅が進み、郊外に行かないと物が買えない街とは全然違った。私は富山に引っ越そうかなと思ったほどだ。

だが、高田でも古い料亭が隣接する町家を買い取り、リノベーションしてカフェなどをつくり、カフェと料亭の間に広場をつくって街を盛り上げようとしている。そこに期待している。

＊＊＊

私の望む街の姿は「弦楽四重奏のようなコミュニティ」とも言うべきものが複数存在するところかもしれないと思う。これは社会学者・見田宗介《みたむねすけ》さんの「交響するコミューン」のもじりなのだが、交響楽団というよりは弦楽四重奏かジャズカルテットくらいの小ささの関係性、とはいえ排他的ではない、私が過去20年以上言ってきた「共異体」的な関係性なら、誰もがそのたびに異なる「演奏」を、少し下手であっても楽しみながら、どんな地域でも実現できるのではないかと思う。そうした四重奏、いや、やはり個人のアドリブがあってこそ成り立ち、同じミュージシャンが次の日は別のコンボでセッションするジャズカルテットのほうが例としては適切だろう、そういう人間のつながりがいくつも併存する姿がきっと私の望む街の・地域の形なのだろうと思う。

最後になったが、本書の第Ⅲ部で紹介した新しいまちづくりの事例を取材する過程で、拙著を昔から愛読してくださっているという方に何人もお会いし、丁寧に取材対応をしていただいた。時代は明らかに良い方向に変わっていると感じることができ、誠にうれしく思った。この場を借りて感謝を申し上げる。

三浦　展

1　アメリカの社会学者ジョージ・リッツァの造語。社会や生活が極度に合理化し、均質化していく傾向のこと。リッツァ著『マクドナルド化する社会』(正岡寛司監訳、早稲田大学出版部、一九九九)参照のこと。

リッツァは『無のグローバル化』の日本語版向け序文で私の『ファスト風土化する日本』に言及している。

再考　ファスト風土化する日本　　目次

第Ⅱ部　実践編　脱・ファスト風土な世界をつくる　115

図表作成　デザインプレイス・デマンド
本文中の写真は特に断り書きのない場合執筆者撮影

序章　ファスト風土とは何か

三浦　展

※『脱ファスト風土宣言』（洋泉社新書y）序章『「街育」のすすめ』を簡略化・加筆修正して再録。

ファスト風土化のどこが問題なのか。整理すると、以下のようになる。

（1）世界の均質化による地域固有の文化の喪失
（2）環境・エネルギーへの負荷
（3）繰り返される破壊による街の使い捨て
（4）流動化と匿名化による犯罪の増加
（5）大量浪費空間の突如出現による現実感覚の変容＝人間観・倫理観の変質
（6）手軽な大量消費による意欲の低下
（7）生活空間の閉鎖化による子どもの発達（社会化）の阻害
（8）地域文化の空洞化によるアイデンティティ危機から生まれる安易なナショナリズムの拡大

以下ではそれぞれについて概説する。

(1) 世界の均質化による地域固有の文化の喪失

本来風土というものは、その土地土地の自然に制約されている。自然が農林漁業のあり方を規定し、それがその土地で生産される手工業製品を規定する。したがって、それはその土地の産業、職業を規定し、そこからさらに生活や文化を規定する。こうしてできた生活や文化は、それ自体が文化風土・精神風土を形成し、その土地に生まれた人間を、他の土地に生まれ育った人間とは異なる人間として育てていく。だからこそ、その土地土地で異なる多様な風土を持った日本には、異なる地域文化があり、多様な人間性を生み出してきたといえるであろう。ところが、その風土がファスト風土化するということは、日本の中の、もちろん世界の中の無数の地域の個性が失われ、文化が消滅するということである。

私自身、こうした消費文化の恩恵に浴しつつも、他方で、私は世界各地が均質な消費文化の中に埋没することは望まない。消費は私たちに豊かな多様性を与えるためにあるべきであり、貧しい均質性をもたらすべきではない、というのが私の基本的な立場だ。

(2) 環境・エネルギーへの負荷

ファスト風土化の急激な進展をもたらしたのは、いうまでもなくモータリゼーションと郊外化である。そのライフスタイルは、石油を大量消費し、二酸化炭素を大量に排出し、温暖化を促進環境に対して大きな負荷を与える。消しゴム一個買うにもクルマに乗らなければならない生活は極めて反環境的だといわねばならない。

しかも現在、日本の地方郊外のショッピングセンターは三六五日営業、フロアによっては二四時間営業している。早く閉まるフロアでも午後一一時までは開業している。その間、六万平米もある巨大ショッピングセンターの広々とした空間を、全館冷暖房しているのだ。そこで使われる電気の量たるや想像を絶する。ＳＤＧｓと言いながら、ファスト風土化を放置するのは大きな矛盾であろう。

(3) 繰り返される破壊による街の使い捨て

ファスト風土化は、自然を破壊して進む。さらに歴史ある中心市街地を破壊し、そこにあった都市コミュニティをも破壊する。さらに、新しい郊外部で進むファスト風土化は、旧郊外をも破壊する。日本の地方都市の旧郊外とは、ほとんどの場合、中心市街地の中を貫通する旧街道から昇格した国道沿いに、一九七〇年代ごろに形成されている。しかし旧郊外の国道は幅が狭く、近年の増大する自動車交通には次第に適さないものになっている。それよりは、一九八〇年代以降建設された新しい道路を自動車利用者は好む。そのため新しい道路沿いには新しい郊外が形成され、ファスト風土化が進んだのである。

こうして、新しい郊外が形成されることによって、旧郊外は次第に廃れていく。比較的大規模なスーパーマーケットが閉店すると、そのまわりの専門店も次第に閉店していき、地域全体が廃墟になっていく。さらに将来、今できたばかりの新しい郊外も、さらなる地域間競争によって衰退し、廃墟化する可能性もある。これはまるで「街の使い捨て」ともいうべき状況である。このようにファスト風土化は、自然、農村、都市、旧郊外を四重に破壊し、かつその破壊を繰り返していくのである。

（4）流動化と匿名化による犯罪の増加

道路網の整備は、行政単位や地形に規定された地域の境界を越えて、人と物の移動を活発にした。そのために、各地域には、そこに住まず、働きもしない人々が、買い物のため、レジャーのため、あるいは仕事のために、大量に行き来するようになった。地方の社会にも、都市的な流動性と匿名性がもたらされたのである。この流動性と匿名性は犯罪の温床となる。そもそも、なぜ犯罪は都市で多かったかといえば、都市は流動的で匿名的な空間だからである。

しかし今や、流動性と匿名性は都市だけの特徴ではない。道路網の整備によって、日本中のどんな田舎でも流動的で匿名的な空間になったのだ。いつでも、どこからでも、誰もが、容易に日本中を移動することができる。見知らぬ土地で少女を連れ去り、また別の見知らぬ土地に連れ去っていくことは簡単だ。

言い換えれば、ファスト風土では悪所が遍在化する。本来、歓楽街などの悪所は都市の中に囲われた一定の場所であった。ところが郊外化が進むと、こうした悪所も郊外のロードサイドに分散してしまう。クルマとケータイがあれば、いつでもどこにでも悪所が生まれうる。しかも、その悪所は場所に固定せず、消えてしまう。流動的で匿名的な空間の中で、場所性が消滅するファスト風土は、まさに都市以上に犯罪が起きやすい空間であるといえるだろう。

（5）大量浪費空間の突如出現による現実感覚の変容

地方で起こっているファスト風土化は、まさにファストだ。急速にしかも大量に消費社会化が進む。田んぼの真ん中に、非常に短期間に、一〇万平米近い巨大なショッピングモールができ、その周辺にも大規模な量販店などが次々と出店すれば、その合計は何十万平米にもなる。そういう郊外農村部の変容ぶりは、そこに住む人々にとって、非常に大きなショックをもたらすのではないだろうか。少し大げさにいえば、人々の人間観や倫理観までもが影響を受けるのではないだろうかと思えてならない。

具体的にいえば、「人間も大量生産された物であるという感覚」である。郊外の商業集積地域で万引きが頻発しているのは周知の事実だ。ロードサイドの書店で盗んだ本を、そのままロードサイドの古本屋に持っていくという手口が多いこともよく知られている。これが、昔ながらの顔なじみの商店街で、父ちゃんと母ちゃんが二人でやっている店だったら、物を盗むのは難しいだろう。彼らの生活が見えるからだ。

しかしショッピングセンターにうずたかく積み上げられたおびただしい数の物を見たとき、ここから一つくらい盗んでも誰も困らないだろう、と思ったとしても不思議ではない。そこにある物には顔が見えないからである。誰がつくった物かわからない。つくった人を知らない。そういう物を盗むには良心の呵責がなくてすむ。人だけでなく、物自体もまた匿名だからだ。

(6) 手軽な大量消費による意欲の低下

大量消費空間の出現は、また他方で、地方における青少年の意欲の低下をもたらすものと思われる。地方のショッピングモールに行けばわかるが、輸入CD店のタワーレコードもあれば、個性的な本と雑貨の店ヴィレッジヴァンガードもある。いずれも、つい最近までは東京における若者に人気の店の代表であった。

地方の若者にとっては、このような拠点が地元にできるのはうれしいに違いない。しかし見方を変えれば、それは、なにも無理をして東京に行く必要がなくなったということである。つまり、意欲を持たなくても満足できてしまうのだ。

だが東京の魅力というのは、物の豊かさだけではない。いろいろな人がいて、多様な生き方があり、本当のプロがいる。そこでいろいろな人と出会い、より広い視野を持ったり、個人の多様な可能性を感じたり、自分でもその可能性を試そうという気持ちになったりするという点が東京のような都市の魅力であり、存在価値であると私は考える。

よって、地方にいながらにして大概の物が手に入るから、なにも東京に行かなくてもよいという状況は、一見幸せそうに見えて、実は若者から可能性を奪っているのではないかと思う。

（7）生活空間の閉鎖化による子どもの発達の阻害

ファスト風土は閉じた空間である。マイホームのマイルームから、必要なときだけマイカーに乗って（乗せられて）、ショッピングモールに行って帰ってくるという行動。それは一見、距離的にはかなりの移動をしているが、心理的には閉じた空間の中を行き来しているだけではないだろうか。極端な話、人間は一度も外気に触れない。自然に触れず、四季の変化も感じにくい。それだけではない。社会に触れない。他者に出会わないのである。家族以外の人間と会話を交わすこともあまりないであろう。

ショッピングモールが一見都市に似て都市と違うのは、この没社会性にある。ショッピングモールにおいて人間は、ただ個人としてのみ存在する。しかも消費するだけの個人としてである。しかも、消費者が神様だと見なされる特殊な空間である。そこでは、売る側よりも買う側が偉い。その価値観は、そう古いものではない。不景気だから少しでもお客に買い物をしてほしい小売業がへりくだって、そういう価値観を広めたのだ。

ところが、消費を喚起するためには、客にストレスを与えないほうがよい。その結果、客と店員のコミュニケーションが減った。残っているのは、マニュアル化された擬似コミュニケーションだけだ。

だから、商店街がなくなって、ショッピングモールが増えるということは、人間同士のコミュニケーションが減るということである。確かにコミュニケーションはわずらわしい。時間もかかる。非効率である。

だが、その非効率で無駄の多いコミュニケーションこそが人間社会の基本ではないのか。コミュニケーションをせずに、ただ金を出して物を買うだけでは、消費するだけの人間を増やすだけであろう。

（8）地域文化の空洞化によるアイデンティティ危機から生まれるナショナリズム

ファスト風土化した郊外には地域に共有される歴史や伝統が稀薄化している。そういうファスト風土的郊外で生まれ育った子どもが青少年期にさしかかったとき、いったい何をよすがに自分のアイデンティティを形成するだろうか。前近代社会においては、近代的な意味での「個人」は存在しなかったので、アイデンティティは個人が形成するものではなく、地域社会の中の身分や職業が決定していた。○○村のだれそれという具合である。まさにそれは自分が所属する集団の中での身分証明であって、近代的個人としてのアイデンティティではなかった。

現代においては、個人が自らのアイデンティティを確立しようとするとき、地域社会に規定されたいとは誰も思わない。他方、地域社会自体が弱体化しているので、個人のアイデンティティを規定する力を持っていない。

では、どうなるのか？　そのとき若者は、一気に国家にすがる可能性があると私は考える。国家という、本来最も個人から遠いものが、故郷も共同性も持たぬ砂のような個人を支え、彼に確かな自分らしさとアイデンティティを与えるように感じさせることになるだろう。

二〇二三年時点での補足

以上の8つのポイントについてはもちろん学問的に証明することはできないし、今も二〇〇四年当時も、あくまで私なりの定性的な推測である。特に（4）の犯罪の増加については、その後犯罪認知件数が減少しており、ファスト風土化が進めば犯罪が増えるという相関関係がなくなった。ただし本書第6章で述べる通り、現在ショッピングモールなどの売り場や駐車場、特に子ども用品売り場には非常に多数の監視カメラが設置されており、それが犯罪を抑止したのだと思われる。だからファスト風土が犯罪を生みやすい環境であることは今でも必ずしも否定されない。

われわれには、ファスト風土ではない社会で生きる権利がある

毎日ファスト風土に住むということは、毎日ファストフードを食べることほど異常なことである。それが私の認識だ。そして、われわれは、ファストフードの利便性をしばしば享受することがあったとしても、しかし毎日ファストフードを食べることを強要されてはならない。同様に、毎日ファスト風土に住むことも強要されてはならない。

ファストフードをいつどのような理由で食べるかを自由に選択できるように、ファスト風土に住むか否かも自由に選択できなければならない。そのためには、ファストフード以外に多様な食べ物があるように、というか、そもそもファストフード以前の食べ物（＝スローフード）が本来の食べ物であるように、ファスト風土以外の（以前の）風土や街が、選択肢として存在し続けなければならないことは当然であろう。

確かに、大型店には営業の自由があるかもしれない。しかし、大型店の郊外出店が、中心市街地を破壊するとすれば、それは明らかに、われわれが多様な生き方をする自由と権利の侵害である。

街がなくなることは社会がなくなることである

街には、子どもの社会化という機能があることに、われわれは改めて気づかねばならない。街を通じて自然に子どもは社会を学び大人になるのだ。いってみれば、社会を具現化したものが街なのだ。

社会というのは抽象的な概念だ。だから、社会を見せてみろといわれても、見せることはできない。テレビでニュース映像を見ていても社会を見たことにはならない。では、社会はどうしたら目に見えるか。それが街である。街の中で人と人がどう具体的に関係し合っているかを見せるしか、社会は見せようがない。人と人の具体的な関係こそが社会だからだ。物をつくる人がいて、運ぶ人がいて、売る人がいて、買う人がいる。そうした人々の無数の行為の連関として社会は存在する。街は、その諸行為の連関を具体的に見せてくれる場なのだ。

だから、街がなくなるということは、そうした連関が見えなくなるということである。それは社会がなくなるということなのである！　それは、ひいては、そこで育つ子どもが社会の存在に気づく機会が失われるということであり、最終的には、子どもの社会化が阻害されるということであろう。

街育

したがって今必要なのは「食育」ならぬ「街育」だ。「食育」が、食べ物や食生活を通じて健全な子育てを進めようとしているように、「街育」は、街での生活を通じて健全な子育てを進めようという思想であると理解していただきたい。

念のためにいえば、健全な子育ての場としての街とは、決してバーもキャバレーもパチンコ屋もない清潔な街という意味ではない。「悪所」も内包した本来の街である。

こうした本当の街の中で育つことで、子どもは、人間と人間が仕事や生活を通じて関わり合うことで社会が成り立っていること、いや、むしろ、そうした関わり合いこそが社会であるということを自然に学ぶはずである。また、その社会の中に人間の喜怒哀楽があり、助け合いも、だまし合いもあることを学ぶはずである。それは新興郊外住宅地のような清潔で均質な空間では学ぶことのできない人間社会の本質である。

そういう街を維持する上での大原則は、商店主自身が街に住むことである。商店主自身が街に住み、街に愛着を持って店を開いていれば、自然と人口も増える。地方都市では、郊外に住んでいた人たちが高齢化に伴って都心に回帰する傾向が強い。そうやって人口が増えれば、再び街に活気が出てくる。

若い人に新しい店をつくってもらう

もう一つ、街に活気をもたらすためには、新しい店を入れる必要がある。東京にあるカフェや雑貨屋のような新しい店を出したいと思っている若い人は地方にも多い。

しかし彼らには資金がない。他方、ビルオーナーは、若い人がよいと思う店を理解する力が欠けている。そして、どうせ物件を貸すなら、ちゃんと家賃を払い続けられる会社に貸したいので、どうしても大手チェーン店が増える。結果として、中心市街地にある店も全国どこでも同じで、無個性になってしまう。中心市街地もファスト風土化しているのだ。

中心市街地のよさを活かしながらも、新しい個性的な店を増やすことで、街に活気が戻り、そこに住む人も増やさねばならない。しかし、日本全体でも人口が減り始めた現在、今後全ての空き店舗が埋まるなんてことはありえない。ネットショッピングが今後もさらに広がれば、極端に言えば街に必要なのは商品の倉庫と宅配便の集配所だけである。商店は不要になるのだ。

街に人のたまり場を

だから商店街という言葉を忘れて、これからの時代にふさわしい新しい街をつくると考えるべきである。たとえば空いたところを私は子どもたちのための広場として使ってほしい。街の中で子どもがキャッチボールをしたり、サッカーをしたり、バスケットボールをしたりする場所があってもいいし、あるべきなのだ（著者注：二〇二三年一月に富山市を訪れたら中心市街地にそういう場所があった）。

もっと小さな子どもたちのために、緑豊かなポケットパークにしてもよい。もちろん、そこにはベンチが置かれ、老人たちの憩いの場にもする。そうした広場やポケットパークのまわりには、カフェや書店やギャラリーを設け、人が自然にたまり、憩う場所をつくるのである（南池袋公園がそうだ）。

こうした場所づくりによって、その街は、そこに住む人、働く人がいて、いろいろな年齢、職業の人がいる、多様性を内包した街になるだろう。そして、そういう街で育つことが、子どもたちにとって大きな財産になるはずである。

第Ⅰ部　考察編　ファスト風土論を再読する

第1章　地元に残れなかった者の、地元愛

山内マリコ

子どもにとって、おもちゃ屋さんは夢の国だ。

昔々、うちから歩いて行ける小さな商店街にも、おもちゃ屋さんがあった。そこはおじいさんが一人でやっていて、ガラスの重い扉を開けると狭い店内には、ほこりを被ったおもちゃの箱がうず高く積まれていた。小学校低学年だったわたしが、ここで編み物のできるミシン型のおもちゃを買ってもらったのは、たしか閉店セールのときだったと記憶している。

時を同じくして、繁華街にある大きなおもちゃ屋さん〈愛児堂〉もなくなってしまった。こちらは創業が昭和二十八年で、現在は店舗を郊外に移して営業中。けれどわたしの思い出に残っているのは、中心市街地の一角に、六階建てのビルディングを構えていたころの姿だ。

そのビルが完成したという一九六九年（昭和四十四年）、この街はどんなだっただろう。完成当初はエレベーターやエスカレーターがまだめずらしく、たくさんの人が見に来たそうだが、そのにぎわいを想像するのはちょっと難しい。なぜならわたしが物心つくころから繰り返し見てきたその街は、人が減り、店がなくなり、少しずつ廃れ、寂れていく、ものさびしい光景ばかりだったから。

北陸は富山県の、県庁所在地である富山市。中心部にほど近い住宅地で、わたしは十八歳までを過ごした。両親ともに先祖代々富山の人だから、ルーツは富山以外のどこにも求めようがない。けれど富山のどこを探しても、その手がかりは見つかりそうになかった。富山市は太平洋戦争の大空襲で街のほとんどが焼け、戦後に一から復興している。その復興期に完成した建物たちがすっかり古くなって時代遅れになり、バブルへと駆け上がっていくなかで再開発された街で、わたしは育った。

生まれたのは一九八〇年（昭和五十五年）。〈愛児堂〉のビルが華々しく完成してから十一年後のことだ。高度経済成長の繁栄と人口増加の証ともいうべき大きなおもちゃ屋さんがその場所から撤退したのは、一九八九年（平成元年）のことだった。

わたしはほどなく自力で街へ遊びに行くようになった。友達と自転車で、郊外に平屋の店舗を構える〈おもちゃのバンビ〉によく行った。ここはぬいぐるみやファミコンソフトだけでなく、ファンシーグッズやちょっとしたコスメや文房具も取り扱うので、千円に満たない小物をお小遣いであれこれ買った。中学生になってもしょっちゅう行った。さすがに高校生になると足が遠のき、洋服を見るほうが楽しくなったけれど。

そして黒船がやって来た。

富山にもついに〈トイザらス〉ができたのである。

正確な情報は確認できなかったけれど、たしか二〇〇〇年代に入ってすぐのこと。広い店内には見たことのない外国製の商品も多く、パーティーグッズなど雑貨類も豊富にそろっていた。そのころテレビ放映されていた海外アニメ『パワーパフガールズ』に夢中だったわたしは、パワパフグッズに狂喜して買い物を楽しんだ。よもやこの〈トイザらス〉が、貿易摩擦のためアメリカが日本に迫った市場開放や産業構造の話し合いの主人公だったことなど露知らず、「この店最高じゃん」とかなんとか言いながらお会計の行列に並んでいたのだった。大きなショッパーに効率よくおもちゃを入れられるよう、完璧にシステム化されたレジまわりの合理的な装備に「さすがアメリカだなぁ」といたく感心した。


多くの地方都市がそうであるように、富山も「中心市街地」とされる商店街は、駅から少し離れた位置にある。歩けない距離ではないし、自転車で行くこともあるけれど、たいていは富山駅から市電（路面電車）に乗って、十分ほど揺られて辿り着く。前述の大きなおもちゃ屋さん〈愛児堂〉は、このエリアの一角にあった。

高校生のわたしは毎日のように放課後、友達とこの界隈にくり出した。制服姿でただぶらぶら歩いたり、マクドナルドでだべったり、昔からある喫茶店でお茶したり、お好み焼き屋さんで小腹を満たしたり、プリクラを撮ったり、本屋をのぞいたり、雑誌に載っていたブランドの服を求めてあちこちのお店に日参したりした。高校のころを思い出すと、教室や廊下よりも、街の風景が浮かぶくらいだ。

県外の大学に進学してからも、帰省すると友達とよくこのあたりを歩いた。ある時期まで、若い人が個性的なお店を新しく開いたりしていたのだ。見たことのない海外雑貨を置く、尖ったセンスの個人店には夢があった。古着屋さんでこれはというアイテムを掘り出したときは、喜びで胸がいっぱいになった。

その一方で、母の車で郊外にもよく出かけた。母はわたしがいない間にオープンした店の折込チラシをわざわざ取っておいてくれ、見ると、新規開店の店はもれなく車でしか行けない幹線道路沿いにあった。地元のお店が郊外の巨大店舗に移転リニューアルという例もあったけれど、多くはチェーン店の出店だ。ユニクロ、ニトリ、ヤマダ電機、ブックオフ、ダイソーなどが少しずつできて、二〇〇〇年には大型ショッピングセンター〈フューチャーシティ・ファボーレ〉が開業。そうやって数年のうちに整っていった郊外に、〈トイザらス〉は最後のピンを置くようにしてできたのだった。

郊外のチェーン店へも行くけれど、欲しいものが見つかるのは断然、友達と歩く「街」のほう。体感では、ネットショッピング環境が充実しはじめた二〇〇三年頃から、そういった小さな店は潰れ、商店街は目に見えて活気を失っていった。好きだったお店が一つまた一つとなくなり、郊外の繁栄と反比例するように、商店街からはみるみる人が減り、店が減り、シャッターの灰色が通りを覆うようになった。気がついたときには、取り返しがつかないほど寂れきっていた。

二〇一二年に上梓したデビュー作『ここは退屈迎えに来て』は、そういった実体験を元に、背景となる街を組み立てている。

そこは〝田舎〟ではない。田舎という言葉から想起される、自然に溢れたのどかなイメージとはまったくほど遠いから。現実のわが街は、ロードサイドにド派手な巨大看板が連なり、大量消費的でプラスチックな生活で成り立っている。きらびやかな都会でもなく、里山的な潤いのある田舎でもない、第三の都市風景だ。山も海もあるが、どちらもそれなりに遠く、身近に自然といえるほどの緑はない。チェーン店はたくさんあるのに、「なにもない」感じがする。県庁所在地ならではの都市機能を持ちながら、街を徒歩で行き交う人の姿はとても少ない。そういった風景を表すには、〝地方都市〟という中途半端な言葉がしっくりきた。

そこは〝故郷〟でも〝ふるさと〟でもない。それらの言葉が持つ、湿っぽい愛情や胸が痛むような郷愁は、どうもしっくりこない。たしかに愛はあるけれど、もう少し渇いていて、感情に絡め取られない呼び方が相応しい。そう、そこは〝地元〟だ。

〝地方都市〟である〝地元〟について、当時、誰かと答え合わせするのは難しかった。出版までに足かけ四年ほどかかっているので、書きはじめたのは二〇〇八年頃。なにをどう描くかは完全に手探りで、参考になりそうな資料を探すのも一苦労だった。『ファスト風土化する日本』は数少ない重要な手がかりであり、気の利いた言葉はツイッターではなく、ネットの掲示板にあった。いちばん確信をくれたのは、まとめサイトでジョーク扱いされていたこんな投稿だ。里山的な田舎風景の写真と、車が列をなして走るロードサイドのチェーン店の看板だらけの写真を並べて、「ファンタジーとリアル」と対比していた。

自分にとってリアルな街を描くにはどうすればいいか。最終的に、地名を消すことにした。そこは〝地方都市〟で〝地元〟で、固有の名前を持たない街なのだ。

従来は真逆だった。小説で地方を舞台にするとき、そこは作家のアイデンティティに深く根ざした固有の土地であるべきだった。土着的で、因習と血縁がねっとり絡まるものであり、陰湿でドロドロしているイメージがあった。

もちろん、富山にもそういったヘヴィーな物語の舞台に相応しい地域はあると思う。近隣の高岡市や南砺《なんと》市は、街並みにも風情があり古くからの文化も残る。「おわら風の盆」で知られる八尾町《やつおまち》にもし自分が生まれていたら、全然違う作風になっただろう。

けれどわたしが生まれ育った富山市の市街地は、どこかつるりと真新しく、どこへも遡れないような空虚さがあった。似たりよったりの家々が立つ平坦な街並みと、スーパーマーケットとドラッグストアとホームセンターで手に入れたもので成り立つ暮らし。核家族、一軒家、車は二台。親戚づき合いは付かず離れずの距離感で、近所づき合いも同様、ヤンキーでもない限りコミュニティへの帰属意識はうすく、しがらみも特にない。十八歳で街を出るとき、後ろ髪を引かれるようなものはなにもなかった。

そうして、自分はどこから来た何者なのかという命題に対峙したとき、虚飾なく自分の空っぽさと向き合った結果、街をありのままの姿で描くのが本当だなと思い至ったのだった。

連作短編集なので登場人物はさまざまだけれど、基本的には同じ街を舞台にしている。頭の中でイメージしているのは隅から隅まで富山だ。けれど、富山という地名はいっさい出さない。架空の名前にもしない。T市とかにもしない。地名はちらつかせもしなかった。ただ淡々とチェーン店の固有名詞を並べさえすれば、日本全国にあるそのような街に暮らす人たちが、これは自分の物語だと思うだろうと信じて書いた。

それから十年以上が経った。

　わたしが多感だった年齢のあいだ、少しずつ形を変えていった富山の街は、郊外化した地方都市としてすでに〝二周目〟に入っている。イオンができ、コストコができ、三井アウトレットパークができ、地元民から愛されている〈ファボーレ〉は、二〇一九年に店舗面積を一・四倍に増床するリニューアルを行い、いまも週末は駐車場待ちの長い行列ができる。同世代はすっかり子育て世代となり、子連れに最適化されたショッピングモールは生活に欠かすことのできない、ありがたい存在以外のなにものでもない。

　地元で育つ姪っ子たちが、おじいちゃんおばあちゃんに〈トイザらス〉でおもちゃを買ってもらって喜んでいる姿を見ると、ここがこの子たちにとっての、かけがえのない場所として記憶されていくのかなと思う。それはそれできっと素敵なことだ。

　街は、それ自体が主体性を持った生き物のように思える。人々の欲望を満たすべく日々進化していく。それでいて、木々の一本一本や縁石ひとつに至るまで人間の仕業のはずなのに、コントロールは不可能なのだ。そして街は死なない。人だけが死に、また生まれてくる。どのタイミングでその街にライド・オンするかによって、懐かしい景色が変わるだけで。

　十年前に書いた物語は、郊外化しゆく富山の過渡期を映したに過ぎず、もし十年遅く生まれていたら、きっと〈ファボーレ〉愛に満ちた小説を書いていただろうな。自分がどこから来た何者かなんて問いに答えはなく、あがき探しているうちに歳をとり、もうそんなこと、考えなくなった。いま四十代。きっと次に興味が向くのは、郷土史とかそっちだ。

山内マリコ（やまうち・まりこ）
小説家。一九八〇年富山県生まれ。大阪芸術大学映像学科卒。二〇〇八年「女による女のためのR-18文学賞」読者賞を受賞。二〇一二年、連作短編集『ここは退屈迎えに来て』でデビュー。同作と『アズミ・ハルコは行方不明』『あのこは貴族』が映画化されている。主な著書に、『選んだ孤独はよい孤独』『一心同体だった』『すべてのことはメッセージ 小説ユーミン』などがある。

第2章　ファスト風土暮らしの若者論

轡田竜蔵

筆者は広島県内における20代〜30代の調査をもとに、『地方暮らしの幸福と若者』という本を出した（二〇一七年）。計量調査では、大型ショッピングモールやロードサイドショップの求心力の強さ、すなわち「利便性」によって一般的な地域満足度の大半の部分が説明できてしまうということが明らかになった。そして、この点について、年収もジェンダーも学歴もほぼ関係なく、「ファスト風土」に否定的な社会的属性を特定できなかった。その後に行ったインタビュー調査では、「大きなコンビニ」というキーワードが浮上した。若者、そして団塊ジュニア以降の子育て世代にとって、ファスト風土は好きとか嫌いという問題以前に、国土全体に広がったインフラと考えられているという出発点を確認する必要がある。

「コスパ」と「タイパ」とファスト風土

ファスト風土を受け入れる論理は、第一に、一九九〇年代末以降のデフレ時代における「コスパ（コストパフォーマンス）」志向の若者や子育て世代のニーズと結びつく。ここでいうコスパと安物志向は必ずしも同じではない。社会学者の貞包英之《さだかねひでゆき》は、高所得者層は、質の高い高額商品も買うが、その一方でファスト消費（一〇〇円ショップ）にも積極的だという点については低所得者層と変わらないという点に注目する。そのポイントは、価格と質のバランスがとれた「ちょうどいい」商品を「自分は賢く選んでいる」という感覚であると指摘している（『消費社会を問いなおす』）。

「ちょうどいい暮らし」とは、私が行った地方の若者・子育て世代の調査でも特に目立ったキーワードである。多くの者たちは、自分が「下流」だとは思っていない。むしろ、たとえば、ファスト風土で、低価格商品の中からキラキラした記号的な魅力のある消費を「賢く」選び、その一方で、自然豊かな場所にある、地域の風土にあった広々としたおしゃれカフェにまで出かけ、「東京にいたらお金使わずにこんな贅沢できないよね」と友人と語り、地方暮らしの優位性を確かめ合っている。ファスト風土をインフラとして活用し、その外側で豊かなローカルな消費やコミュニティを楽しむという匙加減のライフスタイル、すなわち両者のいい所取りが消費の「正解」であり、「ちょうどいい」という感覚なのである。

また、ファスト風土と限られた時間を最大限活用しようとする時短の規範との関係も重要である。この規範（計算可能性、予測可能性、時間効率のよい消費とそのための統制）が埋め込まれた消費社会のあり方は、ジョージ・リッツァの「社会のマクドナルド化」論で指摘された論点であるが、その背景は、近代化・グローバル化の帰結として「生活テンポの加速化」した社会の問題として捉えることができる（ハルトムート・ローザ『加速する社会』）。すなわち、Z世代の若者や団塊ジュニア以降の子育て世代は、その上の年齢層の人たちよりも加速化した生活への適応能力が高い。地方暮らしの若者を対象にした計量調査の結果をみても、生活水準を下げてでもスローな生活をしたいという、いわゆる「ダウンシフター」的な価値観を支持する者は多数派ではなかった。

コロナ禍以後、時短技術は高度化し、「倍速再生」「ファスト教養」等の若者の情報行動を支える規範は、「タイパ（タイムパフォーマンス）」とよばれている。拙編著『場所から問う若者文化』では、「若者の街の消失」を主題にしたが、この現象もタイパ志向と関係がある。街を歩き、商品を探して回り、街で出会う人々や出来事との偶然性を楽しもうとする都市的な態度は時間的効率が悪い行動とみなされ、大型商業施設での効率的消費やＳＮＳでのノイズレスなつながりを求める価値観に置き換えられていった。

また、特に忙しい共働き家庭にとって、休日の大型ショッピングモールで過ごすのは、決して最高な選択とは言えないが、短時間で子どもの機嫌をとるための「タイパ」のよい行動とみなされている。京都のような都市の歴史の厚みがある地域でも、子育て層を調査すると、その発想は他の地方都市とあまり変わらない。休日に子どもが一番溢れている場所が大型商業施設であるという点において、大都市と地方都市の差異は見えにくくなっている。

ただし、ここでも大事な論点となるのは、タイパ志向の原動力は「時短」そのものではなく、仕事や暮らしの密度を高めたい意思にあるという点である。アクティブな若者や子育て世代がタイパ志向になるのは、自律性のない退屈な時間を嫌うからである。ただ、その一方で、生活テンポが加速化するとかえって生活の質が下がることも自覚していて、親しい人たちと過ごす楽しい時間であればスローに楽しみたいと強く思っている。

たとえば、二〇一〇年代以降に移住した若きローカル・クリエイターによくみられる価値観は、ＩＴ技術を駆使して田舎でも都会とシームレスに仕事ができることを強調する一方で、地方のスローなライフスタイルを志向するものである。また、二〇一〇年代末以降の若者の表現文化の主流は、一昔前の「盛り」文化から、「エモ」文化へとシフトした。「エモ」とは、文章やビジュアルの情報量をあえてセーブし、過剰な加工や暑苦しい自己顕示を避け、しみじみとした感情を喚起しようとする表現であり、『枕草子』の「いとあはれ」にも通じるスローな感覚といえる。現実の若者の生活はとても忙しいにもかかわらず、インスタグラムには「チルい」自然の景色や「エモい」純喫茶が写った、あえて解像度を落とした写真が並び、緩やかな時間が流れるクオリティ・タイムの貴重さをアピールし合っているのである。

「ファスト」と「スロー」の雑食

多くの論者が批判してきたように、ファストな価値観を主導する資本の論理が圧倒的になると、キャリアを展望できない不安定な立場の労働者の増大、ローカルな文化的蓄積の喪失、地域経済の空洞化、環境や健康への負荷の拡大、生活テンポの過剰な加速化など、多くの懸念すべき事態が生じる。だが、この点について、Z世代や団塊ジュニア以降の子育て世代のなかにも、ある程度の危機感を共有している者は多い。仮に大型ショッピングモールが圧倒的な力を持つ消費環境に暮らしながらも、決してそれに翻弄されず、その隙間や外側にあるスローな文化や場所を大事にし、そうした場所でのつながりを創り出そうとしてきた。ここ十数年、企業誘致型のファストでトップダウンな地域開発の考え方（「とりあえずスタバを入れればいい」といった発想）へのオルタナティブとして、コミュニティデザインを重視したまちづくりの手法が若い世代の間で支持を広げてきたのもその現れであろう。

こうした観点に従えば、アクティブな若者は、いつの時代でも「ファスト」と「スロー」のオムニボア（雑食）を器用に楽しむなかで、文化を創造してきたという仮説が立てられる。三浦展の証言によれば、一九八〇年代のバブル世代は渋谷のファッションビルで消費するだけではなく、資本が演出する舞台の外側にある異質な人たちが集まる街の生態系を楽しんでいた（『「自由な時代」の「不安な自分」』）。同様に、二〇〇〇年代以降のファスト風土世代の若者についても、大資本主導のショッピングモールが演出する「ほどほどパラダイス」を楽しみつつも、その一方で「顔の見えるつながり」を大事にし、地元志向／ローカル志向の文化を育ててきたと言えるのではないか。そして、コロナ禍以後の社会調査からみるZ世代は、GAFAが主導する「プラットフォーム資本主義」が創り出す情報社会にいち早く適応し、都市に「集まる」頻度を減らし、コスパのいいサブスク生活や、タイパのいいコンテンツ消費を楽しんでいるが、その一方、友人や他者と、あるいはひとりで、リアルな場所に出かけていってスローな時間を楽しむことの価値も手離していないことも確かであると考えられる。

ファスト生活に翻弄されないために

ファスト風土暮らしの地域満足度の高さには、それなりの合理性がある。グローバル化する世界のなかで、「ちょうどいい暮らし」を目指し、なおかつ社会的加速にキャッチアップしていこうとして、大半の若者や子育て世代はその合理性と折り合っている。そこから切り離された、のんびりとしたスローライフの清貧暮らしは、退屈過ぎて耐えられない。

ただし、筆者の関わった社会調査からは、利便性の高いファスト風土暮らしの地域満足度が高いからといって、必ずしもその地域の人々の生活満足度や幸福度が高いとはいえないということもわかっている。

たとえば、あまり自分は幸せではないとインタビューで答えた若者は、中国山地の農山村地域の建設会社で現場工事に従事する男性である。早くに母親を失い、父親との二人暮らし。料理のスキルもなく、仕事の帰りも夜遅いので、田園地帯のロードサイドのコンビニで出来あいのものばかり買って食べている。とびっきり美味しいスーパーローカルな食材に溢れる大地の真ん中であり、さまざまなスローライフの価値観を伝える活動が存在している地域だが、この若い単身男性のアンテナには届かない。こうしたファスト風土に依存した暮らしは、コスパ志向でもタイパ志向でもない。ただ、ファストな生活に翻弄されているだけである。

筆者自身、長年ファスト風土の真ん中に暮らしながら考えた。ファスト風土暮らしが若者にとって幸福かどうかが一義的に重要なのではない。大切なのは、そこに暮らす者が自律的に「ファスト」と「スロー」のギアチェンジをできるのかどうかである。現代生活のスピードに適応しつつ、時には立ち止まってひとりで考える時間、あるいは親しい人たちと豊かな時間を持てているのかどうか。ファスト風土と賢く付き合うと同時に、その外側にスローな関係性や居場所を確保できないとしたら、それはなぜなのかを考えることである。

轡田竜蔵（くつわだ・りゅうぞう）
同志社大学社会学部社会学科准教授。一九七一年生まれ。富山県出身。東京大学大学院博士課程、日

本学術振興会研究員、吉備国際大学准教授を経て現職。専門は社会学（地域、若者、グローバリゼーション）。著書『地方暮らしの幸福と若者』（勁草書房）、共編著『場所から問う若者文化』（晃洋書房）、共著『サイレント・マジョリティとは誰か―フィールドから学ぶ地域社会学』（ナカニシヤ出版）、『ガールズ・アーバン・スタディーズ』（法律文化社）など。

第3章　8ミリフィルムが捉えた秋田とファスト風土

石山友美

ピカピカの新築ビル。7階建てくらいの鉄骨造のその建物に窓はほとんどなく、まっさらな白色で周辺の低層の商店街と対比的に、都会的で輝いて見える。そこをめがけて大勢の人たちが行列を成し、ハッピを着た男性が拡声器で何やら盛り上げながら交通整理。仮設の屋外ステージで民謡歌手が歌う横には、子ども達がはしゃぐ姿があり、更にその隣で大人たちが談笑している。この風景全体に立ち上がるのぼりには「ジャスコ横手駅前店開店」。

一九七七年、秋田県横手市に開店したジャスコの初日の賑わいを捉えているのは、当時家庭用に普及していた8ミリフィルムである。40年以上も前のこの映像に刻まれた喧騒はなんだか微笑ましいが、その後の末路——二〇〇一年に閉店しマックスバリューとなり、さらに二〇〇五年にロードサイドへと場を移した。現在、駅前の中心市街地は人通りもまばらでかつての賑わいの面影もない——を知っていると、複雑な気分になる。

3年ほど前から8ミリフィルムを秋田県内で収集する活動を行っている。8ミリフィルムは

ジャスコ横手駅前店
（本章の写真は全て秋田８ミリフィルム・アンソロジー提供）

一九三二年（昭和七年）に家庭用の映像メディアとして発売され、当初は超富裕層が映像を楽しんだが、世界大戦を経て、物資の不足などから、しばらくは一般に普及するということはなかった。戦後しばらくして落ち着いてくると一九五五年頃（昭和三〇年代）から徐々に全国的な広がりを見せるが、爆発的に普及したのは一九六五年（昭和四〇年）を待ってのことだった。この年、ＫＯＤＡＫと富士フイルムがそれぞれスーパー８とシングル８という新しい規格のフィルムを値下げして発売し、新たな規格での撮影は操作が圧倒的に簡易になったことも手伝って、８ミリがより身近なメディアになったのである。

８ミリフィルムの収集活動では、フィルム所有者のお宅まで伺い、フィルムに関するさ

開店日の行列①

開店日の行列②

まざまな事柄、物語の聞き取りを行っている。収集したフィルムに焼きついている映像の内容は子どもの成長譚を中心に冠婚葬祭、地域の祭り、生業や風習を捉えたもの、と雑多であるが、そのほとんどが人々の日常の生活の記録である。

これらのホームムービーは、無意識に、だが、つぶさにまちの変化をも刻印していて、見ていると「秋田」といわゆる「全国的」なものの温度差にすぐ気付かされる。たとえば、東京オリンピックが開催された一九六四年を、国土の風景が大きく変容したポイントと捉える人は多いだろう。秋田も例に漏れず六〇年代に多くの道路や宿泊施設などが整備されたが、一九六一年に開催された国体を天皇が観覧したことが機となってのことだった。

なるほど、この国体の様子はいくつかの8ミリフィルムに映っており、秋田市での開会式のために県内を走り抜くリレーの様子は、東京オリンピックの聖火リレーを遥かに凌ぐ熱狂ぶりであった。何がきっかけとなっていたかによらず、結局多くのまちが変貌を遂げたのは、都市化に伴う高層建築物の出現や、道路の舗装、あるいは、農業器具の機械化などが進んだ結果である。

8ミリフィルムについて言えば、同じ頃にカメラレンズの性能が上がったことで、薄暗い場所も撮影できるようになり、屋内の映像が多くなっていった。これは、かつて外で遊んでいた子どもたちが、徐々にそれぞれの家庭、そしてさらに個室へとこもっていったプロセスの顕《あらわ》

屋外で遊ぶ子どもたち①

屋外で遊ぶ子どもたち②

れでもあって、まちの風景から人がいなくなっていく兆しでもあり、そしてファスト風土化への序章とも言えるものだ。

8ミリが示唆するものは、しかし、まちの表層的な変化にとどまらない。多くのフィルムを見ていくうちに気づいたのは、撮る側の眼差しが時代とともに変容しているということだった。端的に言えば、昔のフィルムはクローズアップが少なく、現代に近づくにつれ、だんだんとそれが増えていく。たとえば、全ての時代で多く被写体となってきた子どもの運動会。かつては、満遍なくロングショットで競技の様子を淡々と記録されていることが多いが、現代に近づくほど、自分の子どもの可愛らしい笑顔を、より大きく鮮明に捉えようとする。

遠く過去に遡れば、8ミリカメラを所有していた人はまだ極々稀で、地域に一つのカメラであったことが多い。そうすると自然と地域の記録係の自負を持って、運動会であれば自分の子どもだけでなく、近所の子どもの姿も捉えようとする。全員をクローズアップで撮るのは大変だから、より広域の全貌を捉えようとし、自然とロングショットの画の連なりとなる。それが、時代が進み安価なカメラが発売され、家庭に1台の（実際にはそこまでは普及していないが）カメラとなると、そのような地域の一員としての自負が薄れ、自分の子どもにより強いフォーカスを当てるようになる。これは、核家族化や都市化など社会の動きを反映するものでもあるし、またこの頃から頻繁にテレビや新聞などで多く目にするようになる「子ども、こう撮るべし」

昭和30年代の運動会

というメディアによる消費への煽動にも合致するものでもある。

こうした眼差しの変容こそが、ファスト風土を育んできたのだと思う。それは、ロングショットの視野でつくられた風景ではない。消費社会を支える大手資本の企業は自分たちの利益を考え、家族は地域を忘れ家の中のことだけを考える、クローズアップの視座だ。そして現在、一人一台の映像メディアを手にしている我々の眼差しは、もはや遠景をみることができず、極度の近視眼となってしまっている。ガラガラとすぐ近くで自分たちの風景が破壊されているのに、気づかないでいるような。

ジャスコ横手駅前店が開店してから40年が経つ。かつて、意気揚々と楽しみに行ったジャス

子どもたちはやがてクローズアップで撮影されるようになった

コは、今はそれしか選択肢がなくなってしまって、諦めと共に足が向かう場所となっている。私が住む秋田市でもジャスコの系譜を継ぐイオンは、人々の日常を支える存在だ。特に厳しい冬場には、幼い子どもを持つ世帯などは行き場をなくし、休日のイオンに押しかける。イオンまでの1kmほど、田んぼの真ん中の一本道に車の長い列ができるほどだ。このロングショットの光景はたしかに奇妙ではある。

数十年後に、この風景を捉えた映像を見ることがあれば何事なのかと訝《いぶか》しがるだろう。しかし、車の中のクローズアップの情景を考えれば、さほど変わったこともない。「今週も混んでるね」「フードコートにまず行かないと」などの会話が飛び交っている日常のなんの変哲もない風景。そして、このクローズアップは、8

ミリの頃より更に近距離にあるものだけを捉え、もはや背後の景色が認識できるものとしてフォーカスが当たることはなく、かろうじてかたちを留めている秋田の固有性を捉えることもない。そして、このクローズアップは、ネット環境を通して、自由自在に他のクローズアップと連鎖する。無限の連鎖の中で、いつしか我々は遠景を一切必要としなくなっているが、風景の方も私たちを必要としないのであって、そこには自動化を繰り返して創出されるファスト風土だけが残っている。

　自分たちの風景を自分たちの手元から手放してしまった私たちは、クローズアップでしか物事を見ることができなくて、しかし、なお新たな居場所を探そうともしている。それに呼応するようなかたちで、たとえば東京からUターンして秋田に帰ってきたような若者たちが新たな場所づくりをして話題になることもある。しかし、それが秋田のロングショットのなかに実存するのかと問われれば、答えに窮してしまう。それは、新たなクローズアップの情景に過ぎないのだろう。だが、クローズアップであるにせよ、選択肢を何個か持つことができれば、その間を埋めようとするようなミドルショットの情景が立ち上がるのではないか。それらが複数立ち上がるとき、私たちはもう一度ロングショットの視座を手に入れることができるのかもしれない。ファスト風土を今日も彷徨《さまよ》いながら、そんな儚い希望も持っている。

石山友美（いしやま・ともみ）
一九七九年生まれ。映画監督。日本女子大学家政学部住居学科卒業。磯崎新アトリエ勤務を経て、フルブライト奨学生として渡米。カリフォルニア大学バークレイ校大学院、ニューヨーク市立大学大学院で建築、芸術論、社会理論を学ぶ。ニューヨーク市立大学大学院都市デザイン学研究科修士課程修了。在米中に映画制作に興味を持つようになる。監督作に《少女と夏の終わり》（二〇一二）、《だれも知らない建築のはなし》（二〇一五）。現在秋田市在住。秋田公立美術大学美術学部准教授。

第4章　郊外写真の系譜——ファスト風土はどう視覚化されてきたか

鳥原　学

郊外写真の誕生

写真家の小野啓《おのけい》は二〇二二年に写真集『モール』を出版した。10年間にわたり、日本各地のショッピングモールを巡りその日常風景を撮ったものだ。おもな被写体は週末の買い物に来た若い家族、中高生カップルのデート、子どもの習い事の披露、イートインで暇をつぶす高齢者、それに周囲の景観などである。

それらのイメージに地域差は見られず、同じ施設が時間を隔てて撮られていても、目に見える変化は小さいようだ。「ファスト風土」の特性が視覚化されているとは言えるものの、小野はその病理を指摘したいわけではない。「見えてきたのは自分が生きている場所」とあとがきで書くように、彼の写真は肯定的で郷愁さえ感じさせる。それは郊外に対する現在の日本人のアクチュアルな感覚なのだろう。だとすると、これまでに郊外をテーマとしてきた写真作品にもそれが写っているはずだ。

まず、郊外が本格的に撮られ始めたのは一九八〇年代初頭だった。それ以前、戦前期の木村《きむら》

小野啓『モール』表紙（2022 年）

小野啓『モール』より（2022 年）

伊兵衛《いへい》から高度経済成長期の森山大道《もりやまだいどう》に至るまで、写真表現の主潮を作ったのはスナップショットの名手たちだった。彼らは都市の路上でカメラを構え、人々に接近し、社会的あるいは心理的な状況を読み取ってきた。だがこの手法は、この頃に姿を現し始めた、人気の少ない茫漠とした郊外の描写には適してはいなかった。

この壁を最初に破ったのは、一九八一年に藤原新也《ふじわらしんや》が写真週刊誌『フォーカス』の連載「東京漂流」で発表した、何の変哲もない「家」の写真だった。前年に川崎市の宮前平で起きた受験生が両親を金属バットで撲殺した「金属バット殺人事件」の現場を捉えたものだ。藤原は単行本の『東京漂流』で、ある人がこの一枚を「不動産広告」と形容し「こんなもの、俺だって撮れるよ」と吐き捨てたというエピソードを紹介している。

だが、それこそが彼の狙いだった。藤原は、金属バット殺人事件が「プラスチックで無味な建築」が立ち並ぶニュータウンの景観に「新たなるニッポン的な無常」を感じさせ、「詩的な風景」へと変貌させる契機だと考えていた。そして、その新しい無常観は、やはり無味で広告的な写真でしか表現し得ないという逆説に気づいたのだった。

ただしこの発想は、藤原のオリジナルではない。似た表現は、郊外開発が先に進んでいたアメリカでは10年ほど早く登場していた。その先駆者はコンセプチュアルアートの美術家エドワード・ルシェである。ルシェはロサンゼルス近郊のガソリンスタンドを撮り集め、カタログに

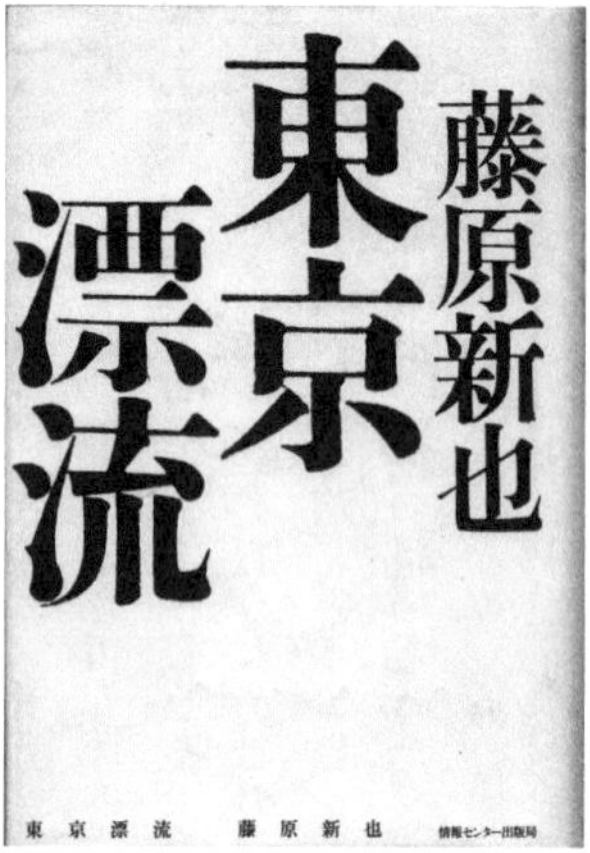

藤原新也『東京漂流』表紙（1983年）

藤原新也『東京漂流』より（1983年）

も似た『26のガソリンスタンド』を一九六二年に発表、以降も同様の写真集を多数制作した。アンディ・ウォーホルが「キャンベル・スープの缶」をそのまま複製したのと同じく、見慣れた建築を大量消費社会のクールでアイロニカルな象徴に変えたのだ。

その後、一九七三年にはニュータウンの生活を初めて社会学的な視点で描写した、ビル・オーウェンスの『サバービア』が出版され、被写体としての郊外への注目は高まる。そして社会学的考察とコンセプチュアルアート的手法との融合から、典型的な表現スタイルが確立する。

それをはっきり示したのは一九七五年にニューヨーク州で開催された「ニュー・トポグラフィック―人の手が加えられた景観写真」展だった。本展に参加したロバート・アダムス、ベッヒャー夫妻、スティーブン・ショアなど10名の写真家たちは、住宅造成地や産業団地、あるいは砂漠を貫通するハイウェイなどの景観を、無造作だがより洗練された手法で描写している。彼らの意図は、アダムスの言葉「写真はぽんと無造作に撮ったように見えなきゃならない。そうでなければ、この地に潜む美はあやふやで物珍しげなつくりものに見えてしまう」という点に集約されている。

ところが「ニュー・トポグラフィック」の美学は日本ですぐに評価されなかった。藤原があの家の写真を発表するまで、新しい「詩的な風景」の誕生に気づかなかったのだ。

「空っぽが丘の」のメンタリティ

やがて郊外に取り組む写真家が増えると、郊外に生きることを選択した者の自己認識が、やはり無造作な描写によって表現され始めた。

一九八六年に出版された小林のりおの『LANDSCAPES』は、多摩ニュータウンの造成地を丹念に撮影した作品である。前半の赤茶けた造成地の風景は建設会社の記録アルバム、後半は無国籍的な住宅のカタログに似ている。小林はニュータウンを「空っぽが丘」と呼び、そこには虚しさの他に解放感もあると書いている。それは彼の素直な実感だった。

小林は秋田県の歯科医一家に生まれた。15歳で両親の期待を背負い、都内の進学校に通うために上京、川崎市の百合丘親類宅に下宿している。家の裏手には造成地が広がっており、砂漠にも似た風景に新鮮さを感じたという。

やがて受験勉強のプレッシャーにつぶされそうになるとカメラを手に造成地を歩き、実家の期待に背いて写真家を志すとその撮影に取り組んだ。土地の由来から切り離された「空っぽが丘」の風景は、実家から逃げた彼自身と重なり合い、どちらもアイデンティティが崩壊した存在に見えたのだ。それゆえ小林は『LAND SCAPES』をセルフポートレイトだと位置づける。

一九九八年には郊外をより肯定的に捉えたホンマタカシの『TOKYO SUBURBIA』が出版され、強いビジュアルインパクトを与えた。同書では子どもやティーンエージャーの視点で、

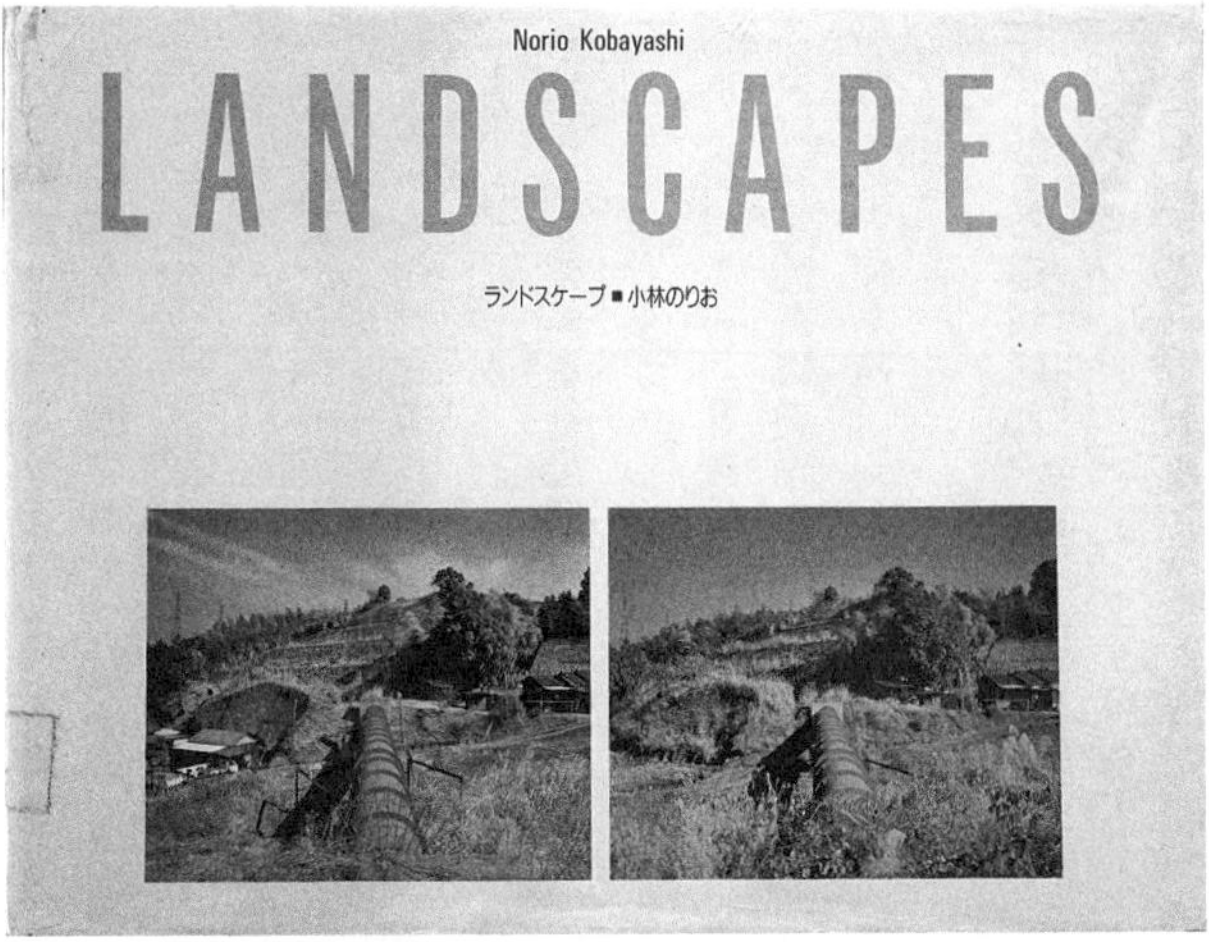

小林のりお『LAND　SCAPES』表紙（1986年）

小林のりお『LAND　SCAPES』より（1986年）

彼らの故郷としてのニュータウンが捉えられている。ファストフード店やファミリーレストランに集い、ゲームセンターで遊ぶ彼らの表情はクールでファッショナブル、街の風景はポップなジオラマのようだ。一方で都心への遠さが強調され、アイデンティティの葛藤を抱えた小林のような大人は登場しない。子どもたちにとっての郊外は、危機からは隔絶された空間として描写されている。同年のインタビュー集『写真家になる!』で語っているように、同作は田無(現・西東京市)生まれのホンマ自身のアイデンティティに基づいた主張であり、やはり自画像としての側面がある。

「今までも郊外を社会派っぽく撮る人はいたけれど、最初っから郊外で育った人の写真ってなかったような気がする。それも明るい郊外ね」

前年には「神戸連続児童殺傷事件」が起き、均質的な郊外という環境が子どもの精神面に与える影響が盛んに議論されていた。同書の徹底した明るさは、そんな言説へのアンチテーゼでもあったのである。

懐かしさと違和感と

『TOKYO SUBURBIA』の肯定感は若い世代から支持を集めた。一九七七年生まれで当時21歳だった小野啓もそうで、彼の『モール』は装丁も写真のセレクションも『TOKYO

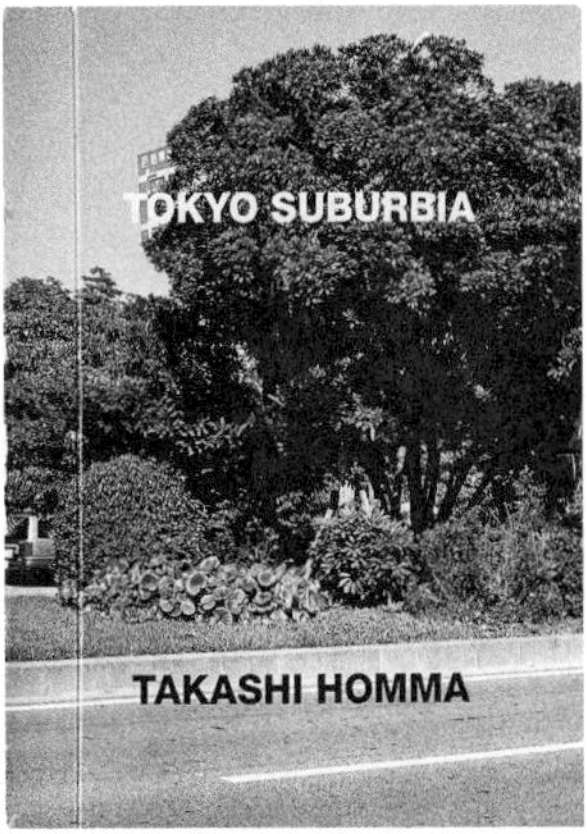

ホンマタカシ『TOKYIO
SUBURBIA』表紙（1998年）

ホンマタカシ『TOKYIO　SUBURBIA』より（1998年）

SUBURBIA』と意識的に重なられている。

だがオマージュとともに、小野は「衰退」への予感も表している。それを物語るのは裏表紙にも使われた一枚、スケボーに乗った2人の少年が、閉店したモールのテナントの前を横切り、向こうへ遠ざかっていく写真だ。若年人口が減り、モールが撤退するとこの地域はどうなるのか。再び赤土に戻り、そして緑に還っていくのだろうか。

小野と同年代でも、郊外に対して愛着よりも違和感をもつ写真家も少なくない。宮城県に拠点を置く志賀理江子もその一人だ。志賀は郊外を撮る写真家とは正反対に、土地と人間の結びつきを表現するために、撮影でも展示でも演劇的手法を用いる。なかでも二〇一二年に仙台で開催した個展「螺旋海岸」は、東日本大震災の犠牲者に対する喪の儀式として構想されたもので、呪術性に満ちたその展示は、今や一種の伝説として語られている。

その志賀から筆者が聞いた話で印象に残るのは、子ども時代の記憶があまり無いという点だ。一九八〇年に岡崎市の郊外で生まれ育った彼女は、均質で便利すぎる生活環境に対して、身体性の欠如から来る違和感をずっと覚えていた。「なにかすべてが嘘くさく、なにが本当なのか分からなかった」のだ。この疑問が、彼女の演劇的な創作手法の出発点にある。

幼少期の記憶が薄いのはインベカヲリ★もそうだった。インベは、多くの女性たちからコンプレックスやトラウマを聞き取り、それを踏まえて露悪的ともいえるポートレイトを撮影している。代表作に二〇一三年の『やっぱ月帰るわ、私。』があるが、最近は受刑者へのインタビューに基づいたルポも執筆している。彼女は強い同調圧力のなかで個性を隠して生きることを「擬態」と呼び、その奥にある人間の深い部分を写真と文章で描き出そうとしてきた。

　そのインベ自身にも必死で擬態をしてきた過去がある。学校の成績も悪く、同級生とも会話が噛み合わない。幼少期の記憶が少ないのは、挫折ばかりをもたらす同調圧力から全力で逃げたかったからだと思うと、彼女は語った。

　高校時代、彼女はその同調圧力が郊外からやってくることを知る。インベは東京生まれだが、通っていた女子高では、同級生の半分が「埼玉の田舎」から来ていたと『私の顔は誰も知らない』で書いている。その子らは流行にとても敏感だったので「東京の流行は埼玉県人が作っている」と気づいたのだ。憧れのスタイルは都心で生まれ、メディアがそれを拡散し、すぐに地方都市の郊外へ広がる。そして、そこに暮らす若者は、なじんだ近所のイオンモールでは絶対に手に入らないスタイルを求めて上京し、地元の人間との差別化つまり擬態に励む。インベが抗ってきたのは、都会と郊外のシス

インベカヲリ★『やっぱ月帰るわ、私。』表紙（2013 年）

テマティックな関係から絶えず生まれてくる標準化への圧力なのである。
この標準化への圧力はますます強くなっているのではないか。東京都心の開発風景を見ているると生まれてくる新しい景観は、デザインや規模は違えどもニュータウンの思想と変わらないように思えるのだ。郊外から遡ってくる都市のファスト風土化は、次世代にどんなメンタリティを植え付けるだろうか。

鳥原　学（とりはら・まなぶ）
一九六五年大阪府生まれ。近畿大学卒業。写真ギャラリーの運営を経て、二〇〇〇年から写真評論家として評論活動を始め、写真教育や展示の企画にも多く携わっている。二〇一七年日本写真協会賞学芸賞受賞。著書に『日本写真史（上・下）』（中公新書　二〇一三年）、『写真のなかの「わたし」　ポートレイトの歴史を読む』（ちくまプリマー新書）、『平成写真小史』（日本写真企画）、『教養としての写真全史』（筑摩選書）など多数。

第5章　風景のリミックス——新海誠とポスト郊外の想像力

畠山宗明

郊外は、二〇世紀を通じて文学や映画の重要な舞台となってきた。郊外とは二〇世紀初頭に、都市部の人口増加や悪環境に対応するために都市周辺部につくられた、居住に特化した場所であるが、それは文化表現の中で、理想と現実、画一化と個人など、現代生活の矛盾が語られる特権的な場として機能してきた。日本映画ではたとえば森田芳光《もりたよしみつ》の『家族ゲーム』（一九八三）が有名だが、小津安二郎《おづやすじろう》の『生まれてはみたけれど』（一九三二）や、五所平之助《ごしょへいのすけ》の『マダムと女房』（一九三一）では、当時の郊外であった蒲田近辺を舞台に、サラリーマンやジャズバンドといった新しい職種や、近代的な家庭における悲喜劇が語られている。戦後の若大将シリーズや、さらには蒲田や調布といった撮影所の立地なども含めると、日本映画は郊外を、その誕生から想像力の重要な源泉のひとつとしていたように思われる。

しかし、世紀の変わり目と前後して、郊外やその表現は大きく変容した。イオン（ジャスコ）やロードサイド沿いの新市街地形成などによって、全国的な景観の画一化が進行したのである。『下妻物語』（二〇〇四）や『SR　サイタマノラッパー』（二〇〇九）など、ゼロ年代の日本映画もまた、三浦展が「ファスト風土」[1]と呼んだロードサイドの光景を新たな郊外としてカメラに収めてきた。しかし、ここではそれらとはまた別の作家に焦点を当てたい。新海誠である。『君の名は。』（二〇一六）、『天気の子』（二〇一九）、そして最新作の『すずめの戸締まり』（二〇二二）などを通じて国民的作家と言っていいほどの存在になった新海誠は、ゼロ年代にいわゆる「セカイ系」の旗手として登場した。新海の作品は「風景映画」という特徴がある。空を横切る飛行機雲、上昇するロケット、地上から上昇するカメラが捉える、ラッセンのようだとも言われる幻想的な空。新海誠の作品においては、風景がもう一人の登場人物であるかのようなのだ。

新海の作品においては、旧来の郊外も、ファスト風土化した風景もほとんど現れることはない。むしろ近年は都市と田舎という郊外誕生以前の二項対立に回帰しているようにも見える。しかし、ここで着目したいのが、彼が提示する風景の多様性である。新宿駅近辺を中心に駅レベルで細かく配された東京の各地域から、長野の山村、さらには東北の被災地まで、新海の作品では、多くの場所や景観が網羅されている。結論を先取りして言えば、新海作品におけるこのような景観の多様性は、郊外の風景の代替物であり、ファスト風土化した風景に対する応答として生まれたものである。新海作品における風景は、組み合わせを通じて、都市や田舎といった既存のステレオタイプからずらされている。新海は景観のモンタージュないしはリミックス（再編成）を通じて、結果として郊外の景観の全国版といったものをつくり上げているのだ。本稿では風景のリミックス（再編成）という観点から、新海の作品と郊外表象の関係を考えてみたい。

新海誠とポスト郊外の想像力

まず表現の領域における郊外の表象について整理しておきたい。それはファスト風土化の社会的な進行と同じと言えるだろうか。丸田ハジメは、郊外は場所性を奪われていると指摘している。[2]都市計画にもとづいて形成された郊外は景観そのものが広告や物語と結びつけられており、現実と、記号やフィクションとの境界があいまいな場所である。

しかし、映画や文学などの表現の領域では、郊外の風景に、さらに表現的な価値が付け加えられているのではないだろうか。たとえば団地や新興住宅は、画一化や伝統の崩壊の記号であるが、物語の総体においては、新しい生活や感覚、自由の可能性が、そこに賭けられている。郊外で語られた物語は現代的な設定の中での破壊と再生のドラマなのだ。

だとするなら郊外の全国化とは、そのような物語や舞台装置、象徴的な記号の全国化と考えることができるだろう。興味深いのはこれらの作品においては地方都市の固有が、郊外的な画一性の表現から生まれてきているということだ。たとえばロードサイドやジャスコの風景は、団地や新興住宅と同じく画一化や疎外の記号として機能している。しかし、『下妻物語』のジャスコは画一化の記号であると同時に、その場所の出口のなさ、閉塞感という地方によくある状況を示しており、また栃木県足利市で撮影された『リリィ・シュシュのすべて』(二〇〇一)でも、二〇世紀初頭にハワードが構想したような田園の風景が、やはり画一性と閉塞感を同時に表現している。つまり、これらの作品では、地域的な固有性が、郊外的な画一的表象と衝突することで生まれているのだ。

人種やジェンダーに類型があるように、都市や田舎の表象にもステレオタイプが存在する。表現の領域でファスト風土化と同時に進行したのは、そうした地域表象におけるステレオタイプの解体と再構成だったのではないだろうか。

新海の作品では、まさにそのような再編成が意識的に行われている。新海の作品において、都市には生活感や緑が忘れずに配され、逆に地方の風景は、ロケットや鉄道などテクノロジー、あるいはコンビニなどの新しい景観とともに描かれる。新海誠が体現していると思われるのは、まさにポスト郊外的な想像力における、景観とそこに付与されるシンボリックな意味の流動化なのだ。こうした変奏は、ゼロ年代の映像の領域で、全面的に進行したと言えるが、新海は、組み合わせの妙によって同時代の映像と等価な風景をつくり出しているのだ。では、新海が行っている操作を、都市や田舎という場所の類型に即して、もう少し具体的に見てみよう。

郊外と地方都市—新しい郊外としての北関東

ゼロ年代にまずもって郊外の物語を継承したのは、首都圏外縁部だった。既に挙げた作品に加えて、山梨で撮られた空族《くぞく》の『国道20号線』（二〇〇七）や『サウダーヂ』（二〇一一）、取手を舞台にした佐々木友輔の『新景カサネガフチ』（二〇一〇）など、ゼロ年代以降の作品は、しばしば東京直近の郊外をさらに一段離れたエリアを舞台にしていた。

郊外の全国化といっても、地方での表現が一気に確立されたわけではない。これらの場所は、ゼロ年代には、東京周辺のいわば正調の郊外と地方の媒介として機能していたと言える。特に撮影された数でいえば、その中でも特に北関東が特権的な場となっていたように思われる。

新海作品でも、東大宮を舞台とした『ほしのこえ』（二〇〇二）における静かな都市のたたずまいは、離ればなれになる恋人同士の孤独な心情を表現しており、また『秒速5センチメートル』（二〇〇七）では、中学生の主人公がかつて引っ越したヒロインに会いに行く、埼京線から宇都宮線、両毛線にかけての道中で車内から見える、雪の降り積もった自然の景観は、孤独や憔悴を表現している。『ほしのこえ』においては、東京直近の地方都市のひとつである大宮の都市空間が「静謐さ」の記号として表象されていることが、この作品の鮮烈さをつくり上げており、『秒速』の主人公は自然に近づけば近づくほど孤独の度合いを深めている。このようにこれらの作品において北関東の風景は、郊外の特徴とされてきた疎外や平坦さの感覚と、自然の景観との重ね合わせとして構築されているのである。

生活の場としての都市

またこの時期、地方都市がクローズアップされると共に、東京の表象は逆に生活の場という側面が強調されるようになる。『池袋ウエストゲートパーク』（一九九七―一九九八）や、近年ウェブコミックとして人気を博した、渋谷のとんかつ屋の息子がＤＪを目指す『とんかつＤＪアゲ太郎』（二〇一四―二〇一七）においては、都心部が生活の場として描かれている。

こうした作品においては、都市は伝統が生き残る場として描かれる。しかし、これらの表象において、古い町並みなどは、必ずしもノスタルジーの対象となっているわけではない。聖蹟桜ヶ丘を舞台としたスタジオジブリの『耳をすませば』（一九九五）では、駅前の大きなショッピングセンターなどいわゆる郊外的な景観は抑えられ、年月を感じさせる団地やレトロな古道具屋などが強調されるが、ここで興味深いのは主題歌である。この作品では、自然あふれる故郷へのノスタルジーを歌った「カントリー・ロード」が日本語で歌われているが、そこで歌の内容は「この道　故郷へつづいても　僕は　行かないさ」「帰りたい　帰れない」と過去を断ち切るものへと変わっている。

『耳をすませば』では、随所にノスタルジックな景観が配されると同時に、都市で世代を重ねた、あらかじめ伝統から切り離された都市住民の生が、平坦な風景や盛り場の一時性においてではなく、日常そのものを通じて肯定されている。このように都市部における生活表象にも、しばしば郊外で表現されてきたような新旧のダイナミズムが密かに導入されているのだ。

新海誠が表現する都市空間にも、組み合わせによって、ひとつの場所の中に様々な対比が生まれている。新海の作品に繰り返し現れるのが新宿駅近傍の風景である。『秒速5センチメートル』や『言の葉の庭』(二〇一三)では、東京都庁をはじめとした西口のビル群を背景に配しつつ、生活や人間関係が演じられる。そこでは都市の緑が同じ画面の遠景と近景に配され、テクノロジーと、自然や生活との対立が、視覚的に、一つの画面の中で一挙に表現されている。さらに、『天気の子』においては、渋谷や代々木だけでなく、池袋や大塚といった、東京北部の景観にまなざしが注がれている。

これはノスタルジックな視線にも見えるが、同時に、是枝裕和《これえだひろかず》の『誰も知らない』(二〇〇四)のように貧困や階級の問題を前景化している。そうしたまなざしは、『すずめの戸締まり』において、地方都市の人気のない商店街や廃墟と化した遊園地、さらには忘却の淵にあった震災の風景として、全国区化されたが、このように、新海の描く都市においては、都市と田舎や、さらには郊外における画一性と個の対立それ自体が、都市の内部に持ち込まれるのである。

ポスト郊外的な現象としての新海誠

しかし筆者が新海をポスト郊外的な想像力と呼ぶのは、単にこうした風景の操作のみによってではない。このように、同時代の風景と連動しつつなお新海が特異であるのは、作品を通じて、現実に郊外の画一化や都市的な疎外から、観客を救済しようとしている点だ。新海のほとんどの作品において、登場人物たちは疎外や喪失を通じた成長を経験する。それはしばしば彼のトレードマークとも言える空の風景において表現されている。新海の作品における空は、しばしばそれを見上げる二人の人物が描かれている。私にもあなたにも見えている景色。それは、共通体験として、すなわち孤独が解消された状態として描かれている。しかし相手に空がどう見えているのかは、それでもお互いにわからないままだろう。藤田直哉は、新海誠はセカイ系の旗手でありつつ、「つながりの回復」を大きなテーマとしてきたと述べている。[3] 個に直面することでつながりの可能性も開ける。それは、まさに若林幹夫が「共同体」ならぬ「共異体」と呼んだ「共にいるのだけど違っている」、「移動しながら共にある」[4] 郊外のあり方ではないだろうか。

しかし、重要なのは、新海作品の風景が、観客に、これと似たような経験をさせることを目的としているという点だ。新海の作品における風景は、現実の景観をもとにＣＧで作画されたものであり、素材とされる一つ一つの映像は、記号性や匿名性が高いものである。そうしたフラットで記号的な風景にデジタル的な作画を通じて生命的な、固有性の感覚が付与されるのだ。逆説的だが、新海作品においては（賛否あるだろうが）風景はCGグラフィックスによって生き生きとした相貌を取り戻している。しかし、疎外や記号化、画一化を推し進めるテクノロジーが逆説的に個別的な生の可能性を開くというこの両義的なプロセスは、郊外の物語で語られてきた図式そのものではないだろうか？　佐々木友輔は『新景カサネガフチ』においては自転車に乗りつつ撮影を行い、デジタル機器を通じて地域に固有の「揺れ」までも記録しようとしている。[5]同様に新海も、光学的効果を通じて個別性を回復した風景を体験させることで、観客の個の感覚をも回復させようとしている。[6]両者において郊外の物語は方法論にまで越境している。佐々木も新海も共に、郊外の物語を、技法において現に生きているのだ。

新海は、「不安定な時代に、不安定な気分で、文字通りゆれる足下の上で不安定に生きている」人々のために作品を作っていると述べている。[7]それはまさに、特定の場所に自らを紐付けることができず、かつデジタルテクノロジーに媒介された、ポスト郊外的な流動化した風景を生きる人々である。現代の社会では、田舎に暮らしていようと都会で暮らしていようと疎外や孤独、伝統との切断は生じうる。こうした人々が日常の風景の美しさに気づくことによって、日々を肯定できるようになること。新海は作品が持って欲しい「効果」をそのように述べている。二〇世紀までとは違う形を取る、現代のデラシネたちに救済を与えること。新海作品で空を見上げる登場人物たちは、彼の作品を見つめる私たちのことでもあるのだ。新海の作品には確かに旧来の郊外もファスト風土化した風景も出てこない。しかし、まさにこうした点において彼は、それらをカメラに収めた作品と同じく、ポスト郊外的な想像力を体現しているのである。

畠山宗明（はたけやま・むねあき）
聖学院大学人文学部准教授。映画理論、表象文化論。論文に「レイヤー化するイメージ」（『デジタルの際』（聖学院大学出版会）所収）、「エイゼンシュテイン―運動とイメージ、そしてアニメーション」（『ゲンロン7』〈株式会社ゲンロン〉所収）、「中味のない風景　新海誠と風景の『北関東性』をめぐって」（『ユリイカ2016年9月号　特集＝新海誠 -『ほしのこえ』から『君の名は。』へ -』所収）など。

1　三浦展『ファスト風土化する日本 郊外化とその病理』、洋泉社、二〇〇四年、一二八頁。
2　丸太ハジメ「郊外の可能性　―場所論から見た floating view 展」（『floating view 郊外からうまれるアー

ト』、トポフィル、二〇一一年)、八〇頁。

3 藤田直哉『新海誠論』、作品社、二〇二二年、一七―一八頁。

4 若林幹夫「都市と郊外の社会学」(『「郊外」と現代社会』若林幹夫、三浦展、山田昌弘、小田光雄、内田隆三著、青弓社、二〇〇〇年)、五〇―五一頁。

5 佐々木友輔、佐藤洋一「場所の経験を記録する——映画と都市のイメージ」10+1Website (https://www.10plus1.jp/monthly/2017/08/issue-03.php〈二〇二三年一月一九日アクセス〉)。

6 こうした試みが「成功」したかどうかは必然的に問われるだろうが、ここではそれは行わない。その主題から考える限り、新海の作品の光学的効果は、「クオリア」を表現していると理解できそうだが、しかしそれはクオリアのメタファーであって、クオリアそのものではないだろう。しかしこのことは、新海作品の価値を何ら損なうものではない。

7 藤田直哉『新海誠論』、八〇頁。

第6章　ファスト風土世代の事件——悲しみを受け止める街の必要性

三浦　展

犯罪を抑止した監視カメラ

序章で見たように『ファスト風土化する日本』が書かれた時代は犯罪件数が増えており、特に大都市圏よりも地方で少女連れ去り殺人などの大きな犯罪が多発した時代であった。その背景にはモータリゼーションと巨大ショッピングモールにより、地域住民以外の大量の集客が可能になり、地域の匿名性が増大し、犯罪が誘発されたことがあると同書では分析した。

だがその後幸い犯罪認知件数は減り、検挙率も上がった。認知件数の減少の最大の理由はおそらく監視カメラの普及である。

たしかに巨大ショッピングモールのおもちゃ売り場に行くと、天井に1mごとにカメラが設置されていて驚く。トイレや駐車場でもカメラが増えたはずで、これにより子どもや女性の連れ去りが抑止されたことは間違いない。もちろん万引き、置き引き、車上盗、自転車泥棒なども減ったであろう。言い換えると犯罪が、都心の歓楽街という場所性はもちろん、郊外ロードサイドのモール周辺という場所性すらを失ってきているとも言える。

犯罪件数が減ったこと自体はいいことだ。が、近年、ＳＮＳで自殺願望のある人を自宅に呼んで性的暴行をした上で殺害しバラバラにするという恐るべき犯罪やニュータウンでの殺人などが神奈川県座間《ざま》市をはじめとする郊外で起こったことを思い浮かべると、ファスト風土的郊外空間における犯罪の質というものもやはり気になる。犯罪統計を見ても、車上荒らし、自転車泥棒などは減少したが、傷害・暴行はそれほど大きく減っているわけではないのである。

それと関連して、私は近年テレビの犯罪報道を見ていて犯人の住む家が（戸建てであれアパートであれ）たいてい、さして古くない、白っぽいきれいな家であることがずっと気になっていた。こういうと差別のようだが、たとえば映画の『万引き家族』の家族が住む家は東京の下町の元工場地帯の、特に貧しい人が多そうな地域の極めて古い家が設定されている。韓国映画の『ベイビー・ブローカー』や『パラサイト』でもそうである。犯罪をしやすいのは貧しい人であり、貧しい人は劣悪な住環境に住んでいるのである。

だが、そうした映画の表現とは異なり、少なくとも私がテレビ越しに見る犯人の家は決して貧乏そうな家ではない。私は座間の事件（小田急線相武台《そうぶだい》駅）の現場も見に行ったし、小田急線電車内での無差別殺人未遂事件の犯人の家（小田急線読売ランド前駅）も郊外調査の一環で歩いていて偶然見ている。カリタス学園の親子の死傷事件の犯人は同じ読売ランド前駅の新興住宅地に住んでいたが、それも見に行った。いずれも高級住宅地ではないが、まあ中流の住宅地であり、彼らの住んでいた戸建て住宅やアパートも、古くてボロボロだとか薄汚れたというものではなかった。30年間経済成長をせず、給料も上がらなかったわりには、日本の住宅は見かけ上は小ぎれいになっているのだ。だからいかにもここには貧しい人がいて、まあ、こんなことを言っては申し訳ないが犯罪の温床になりそうだ、と思ってしまうような場所はほぼ目にすることはなくなったのである。

刑法犯の主役は今も氷河期世代

刑法犯検挙人員が減った一因は、若者の人口自体が減ったこともある。検挙人員の過去三十数年のピークはまさに『ファスト風土化する日本』が出た二〇〇四年であり、一九七三年生まれを頂点とする第2次ベビーブーム世代が20歳前後のころである（図表6‐1）。20歳未満の刑法犯検挙人員のピークは二〇〇三年で14万5448人、対して二〇一九年の20歳未満は2万410人しかいない。また20代のピークは二〇〇四年で6万8697人だが、二〇一九年の20代のそれは3万4067人しかいない。現在の若者は遥かに大人しいのである。

さらに30代や40代の検挙人員のピークは二〇〇六年であり、二〇一九年には減少しているが、40代の減少率は17％にすぎず二〇一九年も3万1715人おり、同年の20歳未満と比べてもさほど少なくない。

図表6-1　年齢別刑法犯検挙人員

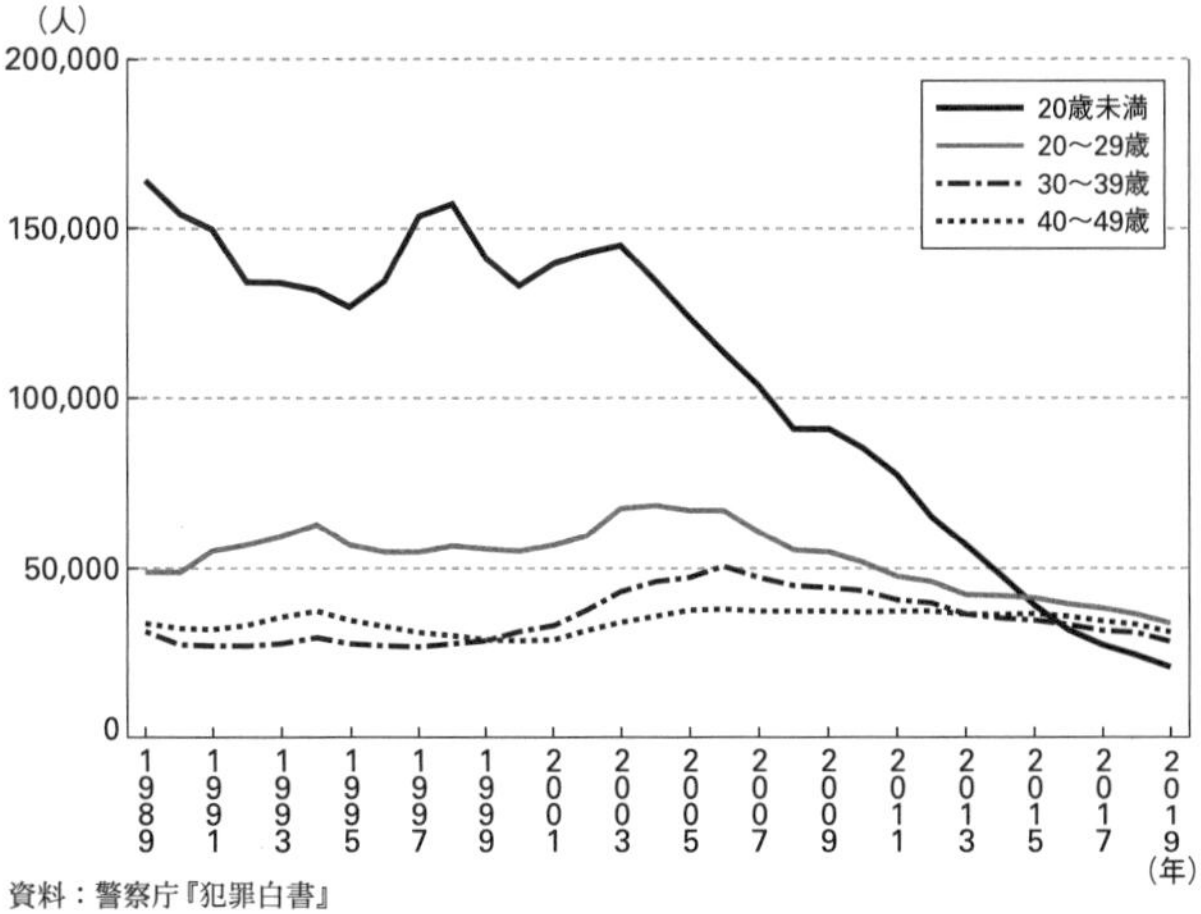

資料：警察庁『犯罪白書』

つまり、二〇〇四年に25歳前後だった世代が二〇一九年に40歳前後になっても、犯罪の主役に近い地位を占めているのである。二〇一九年の40歳前後は氷河期世代でもあり、一九九〇年代後半にキレる14歳とかキレる17歳とか言われた世代である。神戸市郊外のニュータウンで起きたいわゆる「酒鬼薔薇聖斗事件」、佐賀バスジャック事件などの犯人は同じ世代である。

この世代は性行動についても最も積極的だった世代であり、性行動の初体験の年齢が低年齢化し、中絶も多く、できちゃった婚も増えた世代である（図表6-2）。ギャル、ルーズソックス、ガングロの全盛期もこの世代だろう。日本性教育協会の調査によると、若者の性行動は一九七四年から積極化し、一九九九年から二〇〇五年までがピークである。だがそれ以降は消極

図表 6 - 2　主な性行動経験率

(%)

経験の種類	調査年度	1974年	1981年	1987年	1993年	1999年	2005年	2011年	2017年
デート	大学男子	73.4	77.2	77.7	81.1	81.9	80.2	77.1	71.8
	大学女子	74.4	78.4	78.8	81.4	81.9	82.4	77.0	69.3
	高校男子	53.6	47.1	39.7	43.5	50.4	58.8	53.1	54.2
	高校女子	57.5	51.5	49.7	50.3	55.4	62.2	57.7	59.1
	中学男子	-	-	11.1	14.4	23.1	23.5	24.7	27.0
	中学女子	-	-	15.0	16.3	22.3	25.6	21.8	29.2
	調査年度	1974年	1981年	1987年	1993年	1999年	2005年	2011年	2017年
キス	大学男子	45.2	53.2	59.4	68.4	72.1	73.7	65.6	59.1
	大学女子	38.9	48.6	49.7	63.1	63.1	73.5	62.2	54.3
	高校男子	26	24.5	23.1	28.3	41.4	48.4	36.0	31.9
	高校女子	21.8	26.3	25.5	32.3	42.9	52.2	40.0	40.7
	中学男子	-	-	5.6	6.4	13.2	15.7	13.9	9.5
	中学女子	-	-	6.6	7.6	12.2	19.2	12.4	12.6
	調査年度	1974年	1981年	1987年	1993年	1999年	2005年	2011年	2017年
性交	大学男子	23.1	32.6	46.5	57.3	62.5	63.0	53.7	47.0
	大学女子	11.0	18.5	26.1	43.4	50.5	62.2	46.0	36.7
	高校男子	10.2	7.9	11.5	14.4	26.5	26.6	14.6	13.6
	高校女子	5.5	8.8	8.7	15.7	23.7	30.3	22.5	19.3
	中学男子	-	-	2.2	1.9	3.9	3.6	3.7	3.7
	中学女子	-	-	1.8	3.0	3.0	4.2	4.7	4.5

資料：日本性教育協会

化し、二〇一七年の数字を見ると、デートは一九七四年よりも少ないし、キスや性交は大学生だと一九八七年と同じくらいである。つまり性行動が最も積極的だったのは七六〜八五年生まれくらいであり、氷河期世代やキレる14歳・17歳の世代である。

彼らは小学校時代まではバブルであり、中学入学くらいでバブル崩壊、家計収入が減り、ローンだけ残り、夫婦喧嘩が増加し、家に居づらいという経験をした者も多い世代だったのかもしれない。子どもも時代には存在した夢を少年期以降に喪失した世代とも言える。そのことが犯罪や性行動に走る傾向を助長したのかもしれない。

氷河期世代に多い重大犯罪

このような時代の変遷を考えると、氷河期世代には、親は中流だが自分は30歳になっても40歳になっても中流になれない、昔なら中流になれたはずなのに、バブル時代は自分の家も景気が良かったのに、自分自身は中流から落ちる（落ちた）という「下流化」への不安や不満があるように思われる。生まれたときにはバブルは終わっていた現在の20代とは異なるのだ。

二〇二二年七月の安倍元首相殺害事件も下流化を余儀なくされた40代男性の山上《やまがみ》徹也（一九八〇年生まれ）が容疑者であって、犯人に思想上の理由は特になく、犯人の母親の信仰した宗教団体と安倍元首相との関わりが原因であり、かつその宗教団体に母親が多額の献金をしたことで容疑者とその兄の教育費がまかなえなかったことが原因だと言われている。つまり思想や教義の問題というより、家庭経済の破綻が犯人の進路に大きな影響を与えたことが今回の犯行の重要な原因のようである（陰謀論など諸説もあるが、本書では触れない）。

彼の父は京都大学卒、母は大阪府立大学卒だそうで、学歴だけ見れば「中の上」とも言える家庭である。彼も奈良県の進学校に通っており、成績も良かったようであるから、名のある大学に進学して、親と同様の中流家庭を築ける可能性はかなり高かっただろう。その可能性が母の宗教行動によって完全に閉ざされた、つまり中流階級を維持することが不可能になったわけである。

安倍元首相殺害事件以前にあった過去数年の大事件も氷河期世代の男性による事件が目立ち、かつその場所に一定の特徴がある（年齢は逮捕時）。

・二〇一六年、神奈川県相模原市の障害者施設津久井やまゆり園で元施設職員の26歳男性（一九九〇年生まれ）が施設に侵入して入所者計19人を殺害した。「障害者には生きる意味がない」と話している。父は教員。母は漫画家。本人も途中までは教員志望だった。東京都日野市生まれらしいが生後すぐに「津久井やまゆり園」から６００ｍほど離れた千木良《ちぎら》地区に引っ越した。高校は八王子市だが問題を起こし相模原市の高校に転校した。

・27歳男性（一九九〇年生まれ。出生地は東京都町田市）がツイッターで自殺希望者を集め、座間市にある自宅アパートで、若者など9名を殺害、バラバラにして部屋に放置。事件は二〇一七年発覚。

・二〇一九年五月、小田急沿線川崎市多摩区内の一九六〇年頃に出来たと思われる住宅地の戸建て住宅に住む51歳のニート男性（一九六七年生まれ）が有名私立小学校の親子数名を小田急線登戸《のぼりと》駅近くで殺傷。親が離婚し伯父宅で育っており、いとこが入学したのがその小学校だった。

・二〇一九年六月、登戸の事件を知って、練馬区の元農林水産省事務次官が44歳（推定一九七五年生まれ）のニートの息子が同じような事件を起こす前にという理由で息子を殺害。息子は両親に暴力をふるっていた。

・二〇一九年七月、大手アニメーション会社・京都アニメーションが42歳の男性（一九七八年生まれ）により放火され多数の社員が死亡。男性は少年時代にさいたま市在住。男性は埼玉県庁非常勤職員、コンビニ店員などをしていた。自分の作品が京都アニメーションに盗用されたというのが彼の主張であった。

・二〇二一年八月、小田急沿線川崎市多摩区内在住の36歳男性（推定一九八五年生まれ、青森県出身、小田急線沿線育ち）が小田急線車両内で無差別殺人を狙い、数名が重軽傷。「勝ち組の典型的な女性を殺そうと思った」と供述。中央大学中退、非正規雇用者。

このように、これらの事件の犯人は一九七八年から一九九〇年生まれの非正規雇用が中心である。最近の事件ではないが二〇〇八年の秋葉原無差別殺傷事件の犯人（一九八二年生まれ）、一九九七年の神戸市須磨区での連続児童殺傷事件の犯人であるサカキバラセイト（一九八二年生まれ）も同世代である。

安倍元総理殺害事件のあった大和西大寺駅前。無個性な風景だ

首都圏は小田急線沿線、関西圏は国道24号線沿線

　これらの事件を地理的にみると、首都圏では小田急沿線郊外で目立ち、関西圏では安倍元首相殺害事件、京都アニメーション事件は共に国道24号線沿線である。

　安倍元首相殺害事件の山上容疑者は奈良市内で育ち、高校は近鉄橿原《かしはら》線の大和郡山《やまとこおりやま》市。事件当時は近鉄奈良線の新大宮駅周辺に住み、事件が起きたのは奈良線と近鉄橿原線が交わる大和西大寺《やまとさいだいじ》駅前である。新大宮駅の近くには24号線が走っており、マクドナルドなどが並んでいる。青少年や氷河期世代の犯罪ではないが、餃子の王将の社長が殺害された王将フードサービス本社の立地も、山科《やましな》区《く》西野山《にしのやま》射庭《いば》ノ上町《のうえちょう》なので、24号線の少し東と言えないこともない、典型的なファスト風土である。

　国道24号線沿線やその周辺の近鉄沿線は『ファス

ト風土化する日本』を書いた時点でも事件が目立った地域であり、主なものとして一九九九年には京都市伏見区で小学生殺害事件（通称てるくはのる事件。犯人は無職、一九七八年生まれ）、二〇〇四年には奈良市で小学1年生女子連れ殺害遺棄事件（犯人は一九六八年生まれ）が起こっている。連れ去りは近鉄奈良線・富雄《とみお》駅近く、遺棄場所は近鉄生駒《いこま》線平群《へぐり》駅近くの新興住宅地の造成地であった（図表6-3）。

古い資料だが『ファスト風土化する日本』で引用した一九九二年版の『警察白書』では過去20年間（つまり一九七〇年代から八〇年代に）犯罪が増加した地域は、核家族化により世帯数が急増した地域であり、それらの世帯が多く住むのは従来田畑であった新市街地であるが、新市街地は一箇所に集中せず、市内各地に点在しており、**住民の地域社会への結びつきが希薄であることが、犯罪増加の背景ではないか**と分析している。それらの地域は自動車社会であり、人々の活動範囲が飛躍的に拡大し、短時間で警察所管区域や県境を越えて移動することが容易であるため犯罪の捕捉が難しいとも『白書』は書いている。そうした現象の典型的な地域として挙げられているのが、関東では北関東、関西では24号線沿線などの京阪奈地域であった（拙著『ファスト風土化する日本』参照）。

全国的に犯罪件数が減る中で、山上容疑者が通った高校のあった大和郡山市においても犯罪認知件数は近年減っている。二〇一四年は823件であり、人口1000人あたり件数は9・

図表 6 - 3　2000年代前半に京阪奈・国道24号線沿線などで発生した犯罪（★が発生地点）

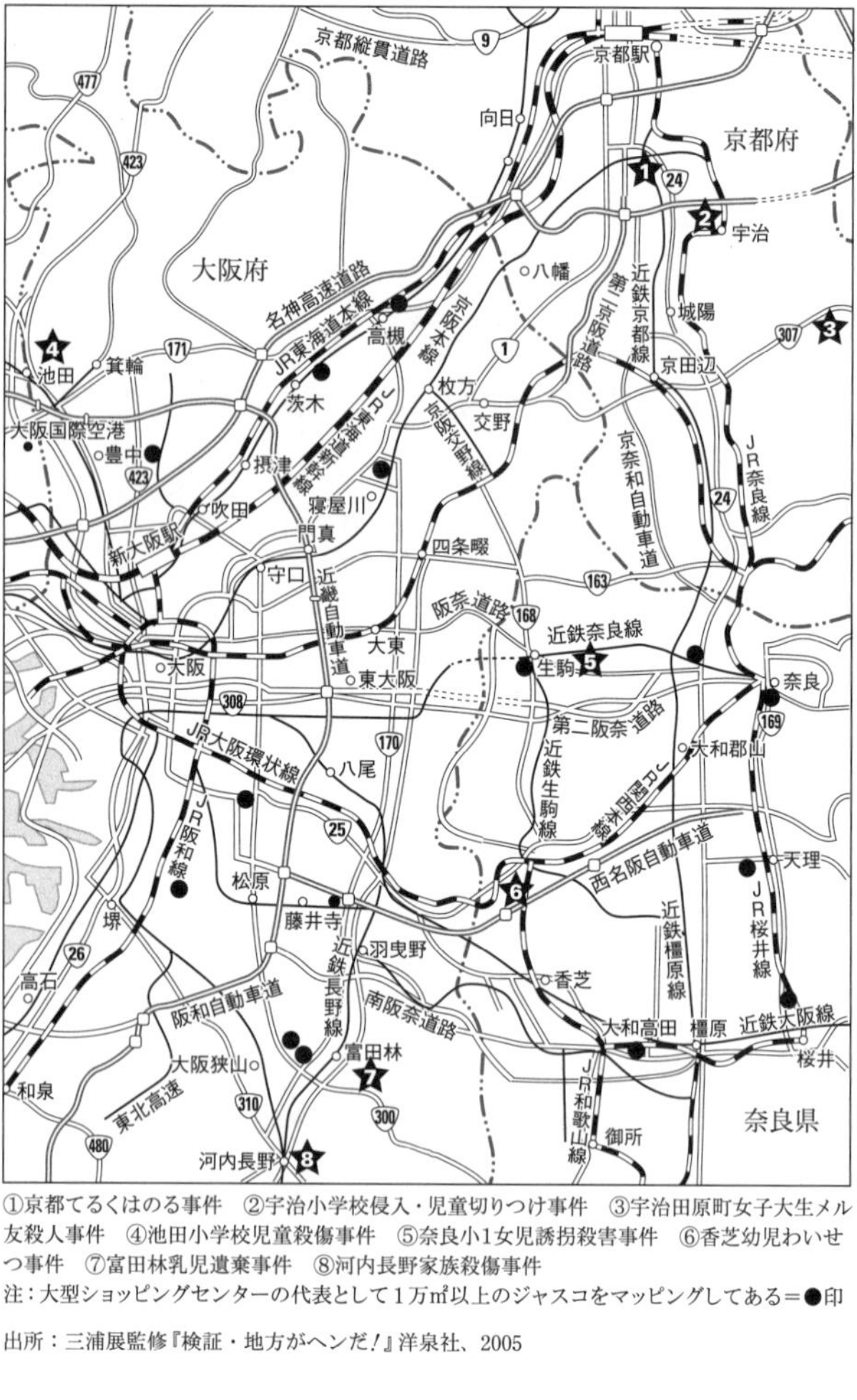

①京都てるくはのる事件　②宇治小学校侵入・児童切りつけ事件　③宇治田原町女子大生メル友殺人事件　④池田小学校児童殺傷事件　⑤奈良小1女児誘拐殺害事件　⑥香芝幼児わいせつ事件　⑦富田林乳児遺棄事件　⑧河内長野家族殺傷事件

注：大型ショッピングセンターの代表として1万㎡以上のジャスコをマッピングしてある＝●印

出所：三浦展監修『検証・地方がヘンだ！』洋泉社、2005

38件である。それが二〇二一年は368件であり、人口1000人あたりは4・40件である。だが罪種別ではオートバイ・自転車盗が204件から39件、車上・部品ねらいが106件から21件と二〇一四年から激減しており、このことが認知件数全体を押し下げたのは明らかだ。ロードサイド店の増加はオートバイ・自転車盗難、車上・部品ねらいを増やしたはずで、その意味でファスト風土的犯罪であり、それが監視カメラの増加によって近年減少したのだと推察される。このようにファスト風土化した郊外は、この20年近くの間にかなり「平和」になっているように見える。

つながりが絶たれた人々の孤独を受け止める場所がない

そうした地域に生まれ育つと犯罪者になりやすいわけではないはずだ。が、それらの新興住宅地では、主婦同士のつながりやママ友などを除けば住民間の匿名性が高く、困ったときに気軽に近所の人などに相談できるとか、住民同士が助け合うなどといったコミュニティが弱く、悩みがあっても解決しづらく、家族の中で（あるいは自分一人で）問題を解決できなければ事態が深刻化しやすいと思われる。

生活保護世帯、シングルマザー世帯、要介護者のいる家庭などであれば、行政も気にかける。しかし、働いているかどうかわからない一人暮らしの男性は地域に知り合いをつくりにくい。

それどころか何か怪しまれたりもする。そういう「まなざし」が犯罪を助長する可能性はある。

まちづくりというのは楽しくて賑やかな場所をつくることが目標になりがちだが、実は孤独や悲しみを受け止め、悩みを聞いてあげる場所をつくることも大事だ。だが、そのことはおろそかになりがちである。まちづくりは都市整備課や産業振興課が担当するが、福祉関係の部署が担当しないからであろう。

これらのファスト風土化した郊外に育った少年たちの中に、長じて氷河期世代と呼ばれる世代が多くいたかは、本稿では詳しく数量データで検証する時間がない。だがファスト風土化した郊外は首都圏や関西圏では一九七〇～九〇年代に人口が増えた郊外住宅地であり、一九八〇年前後生まれの氷河期世代が多く育った可能性はおそらく高い。

たとえば大和郡山市の人口は一九六五年には4万5462人だったが、八五年には8万9051人、九五年には9万5761人、その後人口は増えず、むしろ漸減して、二〇二一年には8万5308人と八五年よりも減っている。

一九八〇年代に一気に中流階級風の郊外住宅地になったが、バブルが弾け、失われた30年の間に中流というメッキが剥がれた地域であるとは言えまいか。親が下流から中流に上昇できたのに、子どもは中流から下流に転落することが多い地域なのではないかという仮説を立てて今後詳しく検証をする意味はありそうだ（なお、小田急線沿線で事件が多いことの理由は私にはまだわからないが、東急沿線と比べると中流から下流に下降しやすい階層の人が多く住んでいた可能性はある)。

これらの犯罪の共通性や最近の子どもの自殺の増加などを見ると、この20年ほどの間に日本では「つながりを絶たれた」人たちが若い世代で増えたのだと思える。昔なら家族、地域社会、学校、会社などに否応もなくつなぎとめられていた人間が、そのどれともつながらないというケースが増えたのだ。特に結婚しない人、正社員でない人が増えたことは社会の孤独度を助長させる。

三菱総合研究所の3万人調査「生活者市場予測システム」二〇二一年版で氷河期世代の男性の孤独度を見ると、35～39歳の単独世帯では孤独を感じる人が35％だが、夫婦のみ世帯では9％しかなく、夫婦と子どもの世帯では16％と、単独世帯は孤独度が非常に高い。

配偶関係別では35～39歳の未婚では孤独を感じる人が29％だが、離別では39％であり、既婚では12％だけである。40～44歳でも未婚では29％、離別は37％だが、既婚は13％である。

年収別では35～39歳の200万円未満では孤独を感じる人が28％だが、600～800万円では16％である。

就業形態別では35～39歳の正規雇用者では孤独を感じる人が19％、公務員では13％なのに、派遣社員では50％、パート・アルバイトでは28％、嘱託・契約では25％である。

このように、結婚して夫婦、家族がうまくいくことは孤独を減らし、そうでないと孤独が増える。そして結婚をするためには男性は平均以上の安定した年収が求められる。そのため正規雇用であることが求められる。だからそうではない男性には孤独感が増していく。

私としては、男性だからという理由で安定した経済力を期待されるのはジェンダー論的には男性差別だと思う。だから安定した経済力ではない部分で男性が評価をされる価値観が社会に広がるべきだと思うが、現実にはそれにはかなり時間がかかるであろう。年収の高い女性の多くは年収の低い男性を恋愛や結婚の相手と見なさないし、むしろ年収の高い男女同士が結婚をしがちである。

宮台真司襲撃事件の街はファスト風土

ここまで書いたところで、社会学者の宮台真司東京都立大学教授が学内で襲撃されるという事件が起こった（二〇二二年十一月二九日）。同大学は多摩ニュータウンの一部であり、国道16号線に近く、大学のある京王線南大沢《みなみおおさわ》駅はバブル時代の一九八八年に開設され、九一年に都立大学が移転してきた。

私は九〇年代に一度この駅に行ったが、大学以外に何かあった記憶はない。しかし今の駅前はファスト風土的・テーマパーク的な風景が広がっている。アウトレットモール、シネコン、

南大沢駅前のショッピングセンター

元はそごう百貨店だったが今はイトーヨーカドーを核店舗としロフトなども入る商業施設、コンビニ、ドラッグストア、携帯ショップ、蔦屋書店、鳥貴族、塾、ヨガスタジオ、各種クリニックなどが入る、一見駐車場にしか見えない外観の「フォレストモール南大沢」、「肉のテーマパーク」を名乗る「東京ミートレア」などなど多数の商業施設が駅前を取り囲んでいる。

パチンコ屋とみずほ銀行とサイゼリヤとゴールドジムが入居するという実に脈絡のない、まさに雑居ビル的（なのに無駄に大きな、デザイン過剰の）施設もある。銀行もパチンコも生活必需だろうが、それを一緒くたにしてビルに入れる感覚には「この街を良くしよう」という考えはないように私には思える。要するに賃料を確実に稼ぎたいだけだ。

南大沢駅前のモール。駐車場にしか見えないデザイン

南大沢駅前の雑居ビル。パチンコ屋と銀行が同居している

人間のアウトレット化

駅前をぐるりと回った後に、ためしにアウトレットモールに入った。アウトレットという業態に入ること自体が20年ぶりだ。

若者に人気のブランドも多数あるが、品物を見るとデザインも素材もスーパーの商品と変わりない。アウトレットという業態は、最初は在庫品処分の店で、ファッションなら流行遅れの商品を安く売っていたのだが、次第にアウトレット用に別途つくられた製品を売るようになった。同じブランドの同じ服が安く買えると思うと大間違いで、素材も質もデザインも安物レベルなのに、ブランドが付いているだけで値段がそれなりに高いのである。

私はとてもがっかりして、こういう安物アウトレットには二度と来るまいと思った。これなら高円寺の古着屋で昔の質の良い服を買ったほうが１００倍幸せだ。そこには探し出すプロセスを楽しむ喜びや、質の良い素材や縫製の仕方に感動する喜びがあるからだ。

そういえば私の友人が建築事務所の新入社員で月給５万円の頃、仕事が忙しくて郊外の自宅に帰れないと高円寺の友達の家に泊まり、明日はプレゼンだからきちっとした格好をしなければというときには銭湯に行って身ぎれいにし、深夜２時までやっている古着屋で８００円のブレザーを買って着ていったという。なんと便利で安上がりで自由な街だろう!!

興味深いことに、ショッピングモール利用頻度が月数回以上だという者は20代、30代で多いが、男女学歴別では男性の25〜34歳の上位4年制大学卒業者で53％と非常に多い（全国の数字。三菱総合研究所の調査「生活者市場予測システム」に追加調査した私の「下流社会15年後調査」〈2020〉による）。

上位4年制大学卒業者で多いということは首都圏居住者で多いということだろうと思い、1都3県居住者に限り集計すると、男性の25〜34歳の上位4年制大学卒業者ではモール利用頻度が月数回以上という者が63％にもなった。下位4年制大学卒業者では29％、高卒以下では11％しかない。対して、25〜34歳の女性ではモール利用頻度が高いのは短大・専門学校卒業者で46％である。女性の場合は高学歴になるほど都心の専門店、百貨店で買うのだろうし、ファッション好きだと高円寺、下北沢、吉祥寺などの古着屋でも買うのだろう。上位4年制大学卒業者で年収も高い人がショッピングモールで満足する、特に男性がそうであるところに今の日本の貧しさがある。日本の都市や住宅が近年ますます同質化し、センスを感じさせないものになっていることの一因が、こういうありきたりの、平凡な、無難な仕事しかしない男たちにあると私は断言する。人間自体がアウトレットなのだ！

ああ、ファスト風土の中の人間は、肉体がファストフードでつくられ、精神がアウトレットになるのだ。

南大沢にテーマパークがあるのかと思ったら大学だった

南大沢駅前から北側を望むと、三角形の尖塔《せんとう》を持つ建物が見える。テーマパーク的な街にありがちな、ヨーロッパの古城を模倣し損なった商業施設か結婚式場かと思うと、それが都立大学1号館である。同大学の建築学科の教授に聞いた話では、こういう街に大学があると学生のスケッチが下手になるという。大量生産型の団地や住宅は直線的で平面的で、ディテールがないからであろう。

1号館だって、伊東忠太《ちゅうた》の設計した一橋《ひとつばし》大学の兼松講堂とは天地の差だ。都立大の学内に深く入っていくと、実は非常に綿密にランドスケープが設計されているようであり、起伏のある土地と豊かな緑を活かしながら建物と歩道が配置されて、田園都市的な雰囲気すら感じられるところもある。なのに、最初に見えるのがこの1号館だというのは誠に残念だ。

こういう街で学んで優れた美意識を育てるのは難しそうだと感じる。一流の都市計画家と一流大学を出た建築士たちが集まってつくったはずなのに、レオナルドでもターナーでもゴッホでもピカソでもなく、安っぽいイルカのイラストがお似合いの街に見える（実際の住民はもっと多様だろうが）。少なくとも建築学科の学生にはこの街を否定してほしいが、どうなのだろう。

大学の北側にはすぐに中層の公営団地が並び、南側にはタワーマンションも見える。あくまでニュータウンの一部であることを実感させる場所である。国道16号線近く、ニュータウン、ファスト風土的・テーマパーク的駅前、もしかすると犯人は氷河期世代かもしれないという諸条件は揃っている。が、だからといって宮台教授の事件がファスト風土的であるとは言えない。あくまで宮台氏を狙った事件だとすれば、都立大学が御茶ノ水にあれば御茶ノ水が現場に、北千住にあれば北千住が現場になったのだから。

にもかかわらずこの事件がやはりファスト風土的な事件であると言えるとしたら、それはどういう意味においてかと私は考えてみたい衝動に駆られる。

前述したように、安倍元首相殺害事件もまた国道24号線近くに住む犯人によるものであり、平安京のすぐ近くでありながら、ただの無個性な郊外の駅である大和西大寺駅前で起こったことに、やはり何らかのファスト風土論的解釈はありえないのかと私は考えたい。

実際に新大宮の24号線沿いを私は歩いてみたが、本来なら京大に入れただろうという犯人がこういう風景を見て満足できるとは思えなかった。お金のない彼は、ロードサイドのマクドナルドで食事をし、ブックオフで本を買い、古着屋チェーンで服を買ったかもしれない。そして有名大学受験を目指す塾の広告を彼はどんな思いで眺めたか、という想像もしたくなる。とはいえ、私の思索はまだ結論にはほど遠く、仮説すら浮かばないのであるが。

山上容疑者が住んでいた新大宮駅の近くを通る国道24号線は大和郡山を経て和歌山に向かう。ハンバーガー、古本、古着などのチェーン店が並ぶ

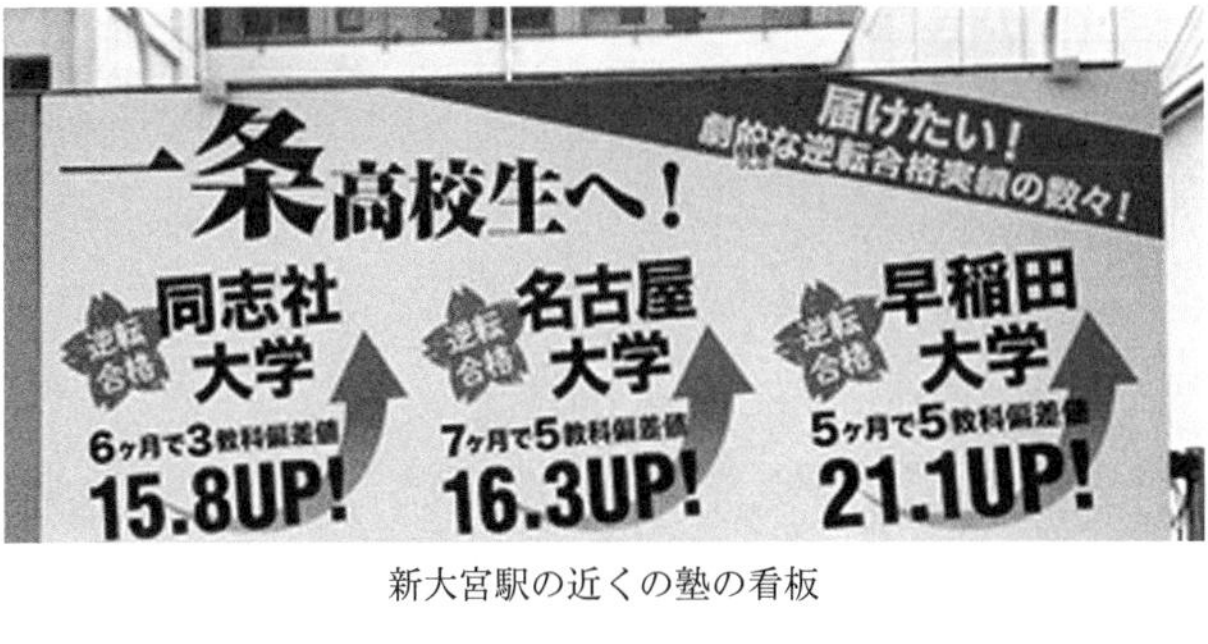

新大宮駅の近くの塾の看板

ニュータウンの限界

ここまで書いたところでさらに、飯能市で60代の夫婦と30代の娘の3人が殺害される事件が起きた。私は飯能の旧市街地には別件の取材で過去に5回ほど行ったことがあり、事件のあった美杉台《みすぎだい》ニュータウンの存在は知っていた。だが訪れるのは初めてである。テレビ報道で写った斎藤淳《じゅん》容疑者の家が、40歳の未婚男性が一人で住むにはやけに華やかな白い家だったことも私の関心を引いた。

西武池袋線飯能駅に着くと南口バスロータリーの前の新しいビルにゆうちょ銀行とパチスロ屋が入っていた。南大沢と同じような組み合わせに驚いた。

バスで美杉台へ向かう。住宅・都市整備公団（現UR都市機構）が開発した美杉台ニュータウンは南大沢駅開設とほぼ同じ一九八九年から入居が始まったもので、行ってみると造形的には典型的な「美しい」郊外ニュータウンである。飯能市の地価公示全対象地点の平均価格は一九八一年には坪（3・3㎡）単価30万5785円だったのがバブル開始の八六年には50万6572円、地価ピークの九一年には117万6734円に倍増以上の上昇を見せている。だが、その後は下落が続き、二〇二二年は33万5630円でほぼ八一年並だ。美杉台ニュータウンの九二年の一区画当たり分譲価格は坪当たり55・5万円から74・9万円、6280万円から7863万円であったという資料がある。したがって最低でも年収1000万円以上の人が購入し

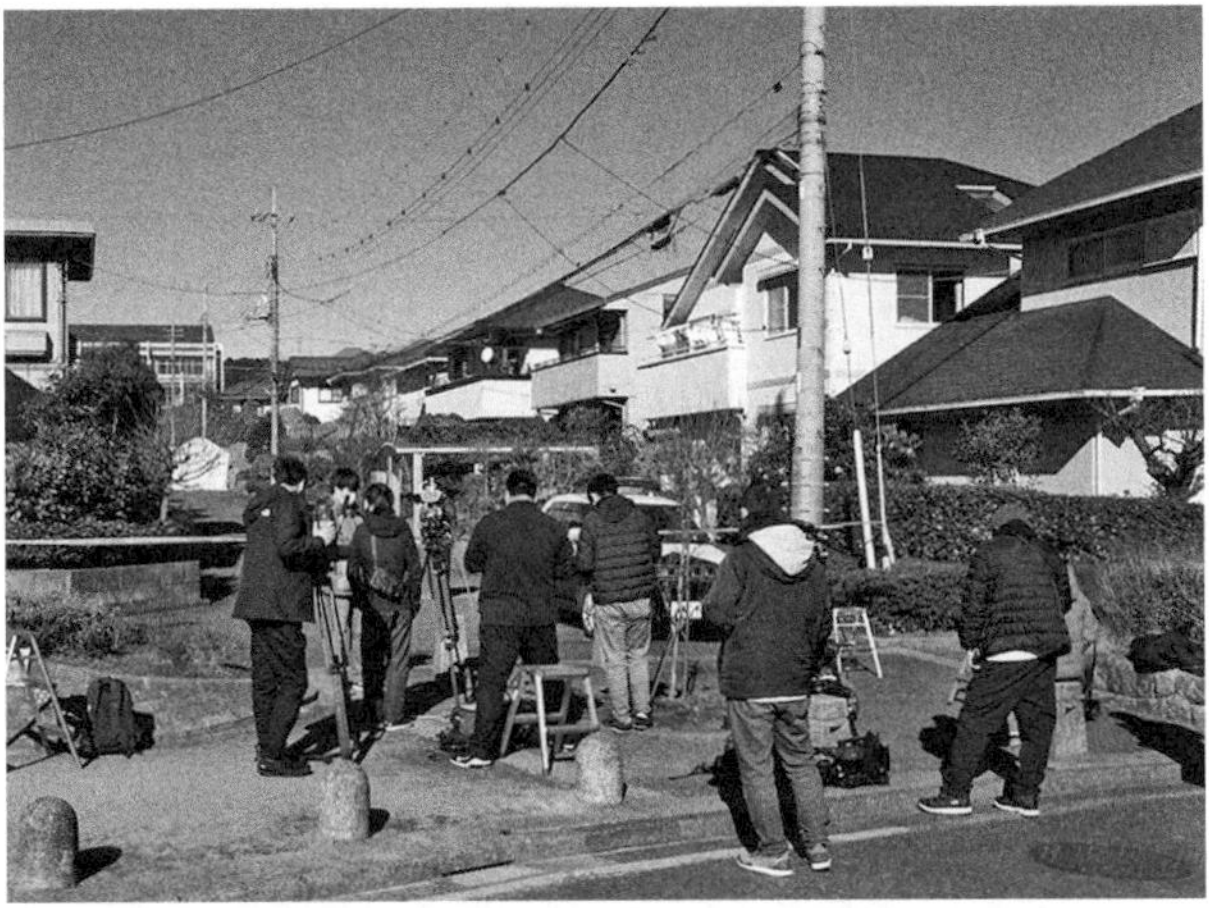

飯能・美杉台ニュータウンの事件現場

たであろうから、一流企業の管理職が多かったと思われる。今も開発が続いているが、ほぼ完成されており、並木道もきれいだ。築30年以上の家もあるはずだが古びた感じはまったくしない。

斎藤容疑者の家族は当初父母、祖父母、子ども二人の3世代6人で八九年から住み始めた。それからおそらく祖父母が亡くなり、その後親が離婚して父親が家を出ていき、その後、斎藤容疑者が母と姉に暴力をふるうようになったらしいが、母と姉も出ていき、一人になったという。つまり一時期はニュータウン住民にふさわしい標準世帯だった家族が、30年後には中年未婚無職男性の独居世帯に変わったのである。

ニュータウン開発を計画した側から言えば、入居当初は両親と子どもからなる標準世帯が購入者のほとんどを占めることが当然のように前提とされ、いずれ子どもが独立して高齢夫婦のみの世帯になり、最後は高齢女性独居になる、そうしたら老人ホームをニュータウン内につくろう、というくらいは想定しただろう。だが中年未婚男性独居世帯ができることはおそらくほとんど想定外だっただろう。

美しく完成されたニュータウンは、幸せそうなファミリーにはふさわしいが、独居する中年未婚男性はふさわしくない存在であると男性自身が感じやすかったかもしれない。そこで疎外感が生まれ増殖したかもしれない。高級外車に乗る裕福そうなアメリカ人男性は嫉妬の対象になったかもしれない。中央線の高円寺あたりに引っ越して、ぼろいアパートに住みながら、彼と同じ貧乏な映像作家やカメラマンやアーチストたちと横丁の安い居酒屋で飲んだくれていればストレスは解消されたかもしれない、と私は想像する。幸せそうなファミリー、幸せそうな老後を過ごすシニアにはふさわしいニュータウンの街としての限界がそこにある。

ニュータウンは理想的な家族のためにつくられているが、理想から外れた人のためにはつくられていない。人生がうまくいっているときはニュータウンに住めても、人生の歯車が狂うとニュータウンには住みづらい。そのように私はずっと書いてきた(拙著『「家族」と「幸福」の戦後史』一九九九年。同書を読んでベルク先生は私を講義に呼んだのである)。斎藤淳もそうだったのだろう。

斎藤容疑者は芸術大学で映画制作を学び、才能もあったという。20代で製作していた作品は、家具屋で働く青年がHIV陽性の告知を受けるところから始まる社会派映画で「断絶の間から何か見出したい、拾い上げたい、という思いがあった。白と黒、生と死、キャリアとノンキャリアなどの間からである。〈建設的であろうとすること〉が、この作品の最も重要なテーマである。群像劇という形態をとり、複数の登場人物達の日常を切り取り、紡いでいく」ものだったという。私から見ても興味深いテーマであり、完成していたら見ただろうと思う。「キャリアとノンキャリア」という言葉にも氷河期世代的なものを感じるし、おそらく男女、貧富といったあらゆる二項対立を疑う視点を持っていたのだろう。そういう感性はニュータウンという一元論的幸福感が支配する空間には適合しないだろう。

このように空間として多様性に対する寛容性の少ないニュータウンには（住民に寛容性がないという意味ではない）、今後、異質なものやノイズを取り込み、楽しみ、多様性と寛容性を醸成する仕組みが求められる。私は多摩ニュータウンにおいて、在住の建築家と共にそうした試みをしてきた（拙編著『ニュータウンに住み続ける』）。相手は巨大なニュータウンなので、実に手強いが、建築家とその仲間たちはニュータウンを少しずつ変えるだろう。

原稿を書き終わったら、宮台真司事件の犯人が自殺していたというニュースが飛び込んでき

典型的なファスト風土である古淵の国道16号線の風景

た。41歳無職男性・倉光実。またしてもこの世代である。相模原市南区、横浜線古淵《こぶち》駅から10分ほどの一戸建てに住んでいたという。一戸建てと言っても土地が40㎡ほど、家も50㎡ほどだろう。同じような大きさの実家が近くにあり、犯人の家は親が彼のために家を買い与えたもので、毎日食事を親が運んだり、男が実家に食べに来たりしていたらしい。宮台氏の本を読んでいたらしいが、本人が死んでしまったし、パソコンも壊されていたというので、宮台氏の本のどこに反応して犯行に及んだかなど真相は闇の中である。

とにかく現地に行ってみた。古淵駅はＪＲ横浜線と小田急小田原線が交わる町田駅から一駅であり、調べると一九八八年に開設されている。南大沢駅と同じ年である。飯能の美杉台ニュータウンは八九年入居開始。九〇年には相模大野駅前に伊勢丹が開店。九一年には南大沢に都立大学が移転。バブル経済で地価高騰の時代だから、郊外が遠方に拡大し、新しい住宅地と駅と百貨店と大学がつくられた時代なのである。バブル時代と失われた30年、郊外ファスト風土世代と氷河期世代、とい対比が思い浮かぶ。

私は古淵駅に30年ほど前にも一度来たことがある。駅からほんの5分ほどの国道16号線の交差点にジャスコとイトーヨーカドーのショッピングセンターが並んで同時に開店したのを取材に来たのだ。ジャスコはもちろん今はイオンになっており、いずれも30年前よりも大きくなっているようだ。典型的なファスト風土だ。古淵駅ができる以前から住宅開発はされており、倉光の住んでいた16号線の南側の住宅地は、航空写真を見ると、おそらく一九六〇年代末から七〇年代半ばまでにつくられた住宅地であろう。

一帯は、古淵、淵野辺《ふちのべ》という地名からわかるように低地が多く、犯人の家も大沼《おおぬま》という地名である。計画的な開発はされておらず、主として周辺の工場や米軍関係で働く労働者などのために随時住宅が供給された住宅地だと思われる。家はほぼ築50年前後であり、建て替えられたものもあるが、全体としては古びている。労働者階級が多いので庶民的であり、品川区荏原あたりの雰囲気に近い。テレビでも近所の人がインタビューに答える様子は気さくで下町的である。

だが街の構造が下町的かというと、そうではない。墨田区でも荒川区でも昭和になって拡大した下町は長屋のような家、町工場、商店などが密集混在している。仕事が終われば銭湯に行き、隣の飲み屋で一杯やる。そんな暮らしが見える。

対して大沼はまったく住宅だけが並んでいる。あくまで住宅だけという郊外住宅地なのだ。店はロードサイドにしかないのである。単調であり、遊びや隙間がない。ほっとできる空き地や公園もほとんどない。

こういう古びた住宅地に住んでいた犯人には、駅前のショッピングモールに集まる家族が疎ましかったかもしれない。逆に南大沢のような計画的な「美しい」ニュータウンが輝いて見えたかもしれない。あるいは嘘くさく見えたかもしれない。都立大学は輝いて見えたかもしれない。学生や学者との格差を感じたかもしれない。ネットで自由に発言するエリートへの嫌悪があったかもしれない。だったらホリエモンでもひろゆきでも成田悠輔でもよかったのかもしれない。たまたま宮台氏の勤め先と勤務時間がわかりやすく、家から近かっただけかもしれない。

自殺後、倉光の自室を捜査すると宮台氏の本があったという。山上徹也の自殺した兄（一九七九年生まれ）の部屋にも宮台氏の著書があったらしい。すぐれた社会批評を行い、「酒鬼薔薇聖斗事件」でも多くを語った宮台氏が酒鬼薔薇世代（＝氷河期世代）に大きな影響を与えたことはありうる。たくさんの読者がいたのだから反感を持つ者もいたであろう。だが反感が犯行の理由かどうかもわからない。

真相はわからない。ただ確かなことは（だからと言ってそこに意味があるかどうかもわからないが）彼の家と犯行現場がファスト風土の中にあったことだけである。

宮台教授襲撃事件犯人の倉光は毎日のように図書館に行っていたという。そこで思い出したことがある。私は執筆のために、各地の図書館へと資料探しに行く。特によく行くのが地元の杉並区立図書館で、昨年は横浜市立図書館にも何度も行った。そこに、いつも同じ場所に座っている男性がいた。一度の例外もなく同じ場所に同じような服装で同じように座っているのだ。30代後半くらいだろうか。二人とも顔色が良くなく、着ている物も小ぎれいとは言いがたい。おそらく二人ともニートなのではないかと思った。横浜の男性はあるとき、自己啓発系のビジネス書のようなものを読んでいた。ああ、彼も現状から抜け出して働こうと思っているのだなと私は思った。倉光は図書館で何を読んでいたのだろう。

第Ⅱ部　実践編　脱・ファスト風土な世界をつくる

第7章　見立てのファスト風土リノベーション

大島芳彦

今在る状況に対してイノベーティブな変化を与えることを意味する「Re Innovation」、それがリノベーション（Renovation）という言葉の語源だ。モノやカタチに手を加えるだけの「Re Form（リフォーム）」とは違い、リノベーションには状況を俯瞰するマネジメントや編集の視点がある。

近年このような解釈が一般に浸透することによって、リノベーションという言葉は建築や不動産再生の現場のみならず、この10年くらいの間に地方創生の現場においても、「リノベーションまちづくり」や「エリアリノベーション」という言い方で都市経営戦略の新たな手法として採り入れられるようになってきた。

僕らがリノベーションという言葉を使って建築デザインの仕事を始めたのが二〇〇〇年。新築ではなく古いアパートやマンションの改修（リノベーション）だからこそ自由で大胆なデザインの住環境を手に入れることが出来るんだよというメッセージは、当時大量生産の住環境に辟易としていた一部の若年一次取得層から大きな共感を得て、メディアでも頻繁に取り上げられた。

その時に得られた共感とは何だったのか、それは古い建物は味があっていいとかブルースタジオのデザインがイケてるとかそんなことよりも、何にも増してリノベーションによる住環境の選択肢が「自由」で「自分らしい」ということに対する共感だった。

「新築」のステイタスをいったん棚上げにし、「既存」の住宅ストックの中から素材となる住まいを選びカスタマイズする。それは新築分譲住宅とは比較にならないほど無数に存在する暮らしのパラメーターを自分仕様に編集できるという魅力であり、中でも街を選ぶ段階は最もエキサイティングな場面だった。

仕事が軌道に乗り始め、スタッフを増やし始めたのが二〇〇四年頃。ちょうどその頃に出会って引き込まれた書籍が『ファスト風土化する日本』だった。なぜなら僕自身が感じていた日本社会に蔓延する大量生産的住環境に対する違和感、その病理を紐解いてくれた書籍だったからだ。

当時僕らが世に伝えたかったメッセージは「誰だってもっと自分らしくリーズナブルに社会に居場所・暮らす場所を見出すことはできる」だった。なぜ僕らは強く社会に対する反発としてそれを伝えたかったのか、直感でしか説明の出来ていなかった感覚に雲が晴れるような思いだった。

僕らの顧客は「ファスト風土」的住環境に反発する人々であると同時に、記号化された「デザイナーズ住宅」に盲目的に憧れる人でもなかった。街を選び建物を選び素材を選び家具を選び、さらには暮らす相手を選び、遊び楽しむ場所を選ぶ。そのすべてをなめらかで一貫性のあるオンリーワンの暮らしの「物語」にデザインする。それが僕らの仕事だった。

多様な住環境のパラメーターの中でも顧客が最も大事にするのは「街」だ。下手な住設機器の提案やプランの提案よりも、「街」「エリア」の提案はそもそも予算へのインパクトが他のパラメーターとは比較にならないほど大きいし、何より生活の質に一番影響するのが街だ。一度住み始めたら街と自分の縁はそう簡単に切れるものでもない。

顧客が想像もしていなかったような街を積極的に提案するような場合は、利便性だけではなく、その街独自の魅力を事前に自分たちなりに十分探った上で提案する。街の宝探しをし、僕らなりに街を「見立て」してから提案するのだ。この見立てがあることによって顧客はその地域に好奇心を抱きはじめてくれる。

街を自分なりに「見立てる」。この行為はその地で人間らしい暮らしや地域愛を育んでいく上でとても大事なことだ。利便性や計量化された「豊かな暮らし」の指標よりも、自分の感性を信じ街を見立てる。人はそれぞれ嗜好性や価値観が異なるわけで、各々がその感性によって街の魅力を定義し、そこに共感するものの環が育まれるのであればそんなに素晴らしいことは

リノベーションの一例である神奈川県座間市のホシノタニ団地

ない。

計量化された暮らしの価値はいわば消費されやすい価値であり、時代と共に他の街のエネルギーに駆逐されかねない価値だ。そんな要素ばかりで街を選んでしまうと、ほぼ確実に将来にわたって劣等感を味わうことになり、自分の暮らす環境にプライドを持てなくなってしまう。

僕らの仕事は二〇一一年以降になって建築や不動産の領域を超え、徐々にリノベーションまちづくりの世界に広がっていくことになる。この年は東日本大震災の年であり全国の人口減少元年でもある。その後の地方創生の大号令から現在に至るまで、地方自治体からの依頼で、殊に空洞化する中心市街地の再生をリノベーションまちづくり、つまり既存環境を活かしたまちづくりで取り組んでいくという新たな都市経営の方針のお手伝いをするようになった。

リノベーションまちづくりの現場で僕らはまず何に取り組むか。実は何より最初に取り組むのが既存環境の「見立て」によるシビックプライド（都市に対する市民の誇り）の発見と再生なのだ。

多くの都市が成長の時代に競い合った計量的かつ相対的な価値。人口減少の局面になるとそれは仇となり、選ばれる街と選ばれないまちの差を顕著にし、選ばれなくなった街は誇りを失った。そんな中で既存環境を造り替えるのではなく、まちを改めて「見立てる」という手段によって潜在的な地域固有価値の「発掘」を試みる。往々にしてそれは当たり前の日常の中に潜んでいたりするものだ。

身近な日常の中に発見されるシビックプライドと、それに対する共感の環。そこから生まれる市民の当事者意識と街を変えうるプロジェクトの連鎖。このようなサイクルは、かつての「ない物ねだりの消費者たちのためのまちづくり」が「ある物みつけの当事者たちの手によるまちづくり」に変化していくことを意味する。

かつての利己主義的な「敷地主義」で測られていた不動産価値は、今やその地域に暮らす人々の関係性によって測られる「地域主義」でしか新たな価値を見出せなくなっている。エリアリノベーションとは、点として孤立してしまった不動産の価値をその点が存在するエリアとの関係において再編集し活性化を試みること。
ファスト風土化の果てに孤立、孤独、閉塞感に覆われてしまった街も、実は生活者による「見立て」から始まるパラダイムシフト、すなわちエリアリノベーションによって個性ある未来が見出される。そんな可能性を実感しているこの頃だ。

大島芳彦（おおしま・よしひこ）
（株）ブルースタジオ　クリエイティブディレクター
建築企画・設計を中心にランドスケープデザイン、ブランディング、不動産事業企画など横断的な手法を用いて不動産再生、都市再生に取り組む。全国各地では自治体とともに地域再生ワークショップ「リノベーションスクール」の開催や都市再生構想の立案を手がける。武蔵野美術大学建築学科　客員教授、大阪工業大学建築学科 客員教授。一般社団法人リノベーション協議会 理事副会長。
二〇一五年「リノベーションスクール」で建築学会教育賞。二〇一六年「ホシノタニ団地」でグッドデザイン賞ファイナリスト金賞（経済産業大臣賞）。二〇二二年「北条まちづくりプロジェクト-morineki-」で都市景観大賞（国土交通大臣賞）。二〇一七年にはＮＨＫ「プロフェッショナル仕事の流儀」に出演。

第8章　ファスト風土から谷中へ

宮崎晃吉

私は現在、東京の谷中《やなか》でHAGISOという築68年の木造アパートを改修し、運営するのを皮切りに、地域内に8つほどの拠点を運営し、谷中という地域にどっぷりと根ざしながら活動している。そんな活動を始める前の学生時代、何度も読み返していた本の一つが『ファスト風土化する日本』だった（お世辞なしで）。というのも私の出身は群馬県前橋市。同書が痛烈に批判する郊外そのものが原風景だ。

前橋市は群馬県の県庁所在地で、市町村合併を繰り返して人口は現在33万人ほど。赤城山《あかぎさん》や榛名山《はるなさん》などの山々を背にした穏やかな町だが、群馬県は単位人口あたりの自動車保有率が全国トップクラス。人口増加時代に居住域を無秩序に拡大していったものの、それに伴って組織だった交通インフラが整備されることはなく、各世帯がそれぞれ唯一の移動手段である自家用車を保有せざるを得ないため、歴然たる車社会となっている。

親についていく買い物などで訪れる店舗は広大なショッピングモール。たしかに便利だが、そこで行われるのは「買い物」という消費行為のみの予定調和なコミュニケーション。しかもそうしたショッピングモールも次々できては古いものを淘汰していくといった感じで、住宅地のスプロール化とともに消費されていった。

一方で鉄道駅から離れた「まち」と呼ばれる中心商店街はみるみるシャッター商店街化。一時期はまちの映画館がゼロになり、レコードショップや古着屋はショッピングモールに移転。映画のセットかと思うほど、人が歩いていない街になってしまった。便利さと引き換えに、都市の醍醐味がどんどん失われていくのを10代の僕は見ているしかなかった。人々を管理する社会と、喜んで管理される人々。戦後の成長社会がもたらした「豊かさ」に、なにか違うと感じていた。

そんな地元の消費文化が嫌で、大学進学を機に東京に出た。私にとっての東京のイメージは父の実家の武蔵小山《むさしこやま》だった。武蔵小山は戦後の闇市の面影を強く残すエリアで、子供の頃に正月などに帰省する父に連れられ訪れると、よく近所の銭湯に連れて行かれた。

ところが、大学になってから上京した東京ではそんな姿はどんどんなくなっていた。当の武蔵小山も目黒線の地中化に伴い駅前が再開発。雑多ながらわくわくさせる駅前の入り組んだ路地は無くなり、かつて通っていた銭湯も無くなってしまっていた。代わりに各駅につくられていくのは、どこも同じような店舗が入居するショッピングモールのような空間。まさに東京がファスト風土化し、郊外化していく姿を見るにつけ、絶望的な気持ちになり『ファスト風土

〜』を手にとったのだった。

そんなとき、大学の後輩がシェアハウスとして住み始めた木造アパート「萩荘」に参加することをきっかけに台東区谷中に住み始めた。谷中は台東区の端っこ、文京区や荒川区との区境に位置する。他の東京のまち同様、戦災を受けているものの、焼夷弾《しょういだん》が落ちなかったことから火災が広がらず、戦前の面影を残す地域だ。谷中の特徴といえばまず寺町であること。実に70カ寺前後の寺院が谷中という土地に存在する。土地のほとんどが死者のために捧げられ、その隙間や表面にかろうじて商店や住宅がはりついているような都市構造をしている。

そんな谷中にあるボロアパート萩荘の四畳半の部屋に住んでみると、部屋は狭いが不思議とこれまで住んだ他の町で感じた息の詰まる感じがしない。まちのそこかしこにちょっとした居場所があって、なんだか自分の家がぬるぬると続いているよう。敷地を越境して置かれる植木鉢やメダカの水槽、街路樹の足元に勝手に植樹して手入れする地域住民、道端に誰がともなく置かれたベンチ。風呂は歩いていける距離にある銭湯が7軒ほど。神社の境内や谷中霊園には腰掛けられるところがそこかしこにある（逆に寺の境内は檀家以外に厳しいところが多く残念）。気の置けない喫茶店や個人経営の居酒屋はのんびりとした時間が流れている。どこまでが誰の土地で、どこからが誰の所有物か、そんなことがあまり感じられず、ぬるぬるっと連続している感じがあるのだ。個人の専有する空間は最小限に、地域内で共有される空間が残されていることの豊かさは、現代のまちが忘れてしまった要素をとどめている。

　そんな谷中の共有性も徐々に失われつつあり、銭湯も歩いていける距離には3軒まで減ってしまった。相続が進むにつれ解体され分譲され、徐々に個人の敷地境界を主張する閉じた住宅も増えている。観光地化も盛んになるごとに「下町・レトロ」などのステレオタイプによる安易な観光地化も進み、生活者にとっては不要なお土産物屋ばかりが増えていく。確実にファスト風土化はこのまちにも訪れているのだ。

　私たちが現在運営する最小文化複合施設HAGISOは、前述の木造アパート「萩荘」だ。二〇一一年の震災を期に解体され駐車場になる予定だったが、やぶれかぶれで最期に行った萩荘のお葬式としてのアートイベント「ハギエンナーレ」が思いがけない盛況だったことから、大家さんの理解を得て地域に開いた「最小文化複合施設」となった。外から輸入するありがたい文化を拝見拝聴し消費していく文化施設ではなく、自分たちの暮らしに連続した文化を生み出していく場所。そんな場所は無くても死ぬわけではないが、私は人が人間的に暮らしていくためには必要な場所なのではないかと思っている。

　HAGISOを始めて数年経った頃、相変わらず住まいを借りずにHAGISOの事務所に暮らしていたが、風呂なし・キッチンなしの生活は貧しいようでいて、銭湯や街の飲食店を含めて考えれば、まち全体がひとつの家のようではないかと思い至るようになっていた。そんな

最小文化複合施設 HAGISO

経験をこのまちを訪れる人にも体験してもらいたいと思い、「まち全体を一つの宿に見立てる」宿泊施設ｈａｎａｒｅを、ＨＡＧＩＳＯから１００ｍほどの場所にある空き家を活用してはじめることになった。

　チェックインはＨＡＧＩＳＯで、大浴場はまちの銭湯、自慢の料理はまちの食堂で。自転車屋さんでレンタサイクルして、商店街でお土産を買って、まちのアーティストとの出会いが文化体験になる。そんなかたちで自分たちだけでなく、まちのひとたちと協力してひとつの想像上の宿をつくり上げていった。それ以来、地元の地主さんや大家さんから空き家の相談を受けるたびに、地域的・建築的なポテンシャルを理解し、その場所から発想する事業を生み出し、自走するビジネスとしてインストールしてきた。

私たちがあつかう物件は主に路地裏が多い。共通しているのは、専有空間化していた場所を、地域で共有できる空間として再び開き、末端の毛細血管を温めるように人の流れを通していくことで、少しずつ境界の硬直を弛緩させていることだ。だれでも腰掛けられる場所や、通り抜けられる路地、溜まれる空間を民間の敷地内に作っていくことで、建物内の廊下から路地から道路から公園まで、ぬるっとひと続きにしていきたい。

このような共有性に溢れた要素は、かつてどのまちも持っていたはずだ。単に昔を懐かしがる懐古主義に陥ることは危険だが、谷中で学び得た知見は、現代の硬直化したまちをほぐしていく可能性を秘めている。その知見を故郷のようなまちに返していきたいと考えている。

宮崎晃吉（みやざき・みつよし）
一九八二年群馬県前橋市生まれ。二〇〇八年東京藝術大学大学院修士課程修了後、磯崎新アトリエ勤務。二〇一一年より独立し建築設計やプロデュースを行うかたわら、二〇一三年より、自社事業として東京・谷中を中心エリアとした築古のアパートや住宅をリノベーションした飲食、宿泊事業などを設計および運営している。ｈａｎａｒｅで二〇一八年グッドデザイン賞金賞受賞／ファイナリスト選出など。

第9章　ファスト風土化する街を駅から耕す

伊藤孝仁

魅力度ランキング下位の北関東の駅と高校生

東京駅を出発する新幹線はやぶさ号は、上野駅・大宮駅を経て一気に仙台駅へと向かう。はやぶさに通過される領域、いわゆる「北関東／南東北」エリアを構成する埼玉、群馬、茨城、栃木、福島は都道府県魅力度ランキングにおいて下位争いをしている一方、一人あたりの自動車保有台数では安定のトップ争いをしている。ファスト風土論によって明らかにされた通り、自動車への依存度の高い郊外地域ではかつて地域に内在していた生産力が徐々に失われ、均質な消費の空間へと変貌を遂げていった。

埼玉の大宮に事務所を構えて、北関東を主なフィールドに建築設計やまちづくりを仕事にしている筆者は、そのことをよく実感する。前橋の郊外住宅地に足繁く通い、地主の農家住宅の改修プロジェクトに関わった。その家の近くにも国道が通り、大きな看板をつけたチェーン店がならぶ典型的なロードサイドの風景が広がる。

だがローカル線の車内、利用する前橋駅を見渡すと半数近くが高校生で、駅前広場の周りにはファストフード店と進学塾が軒を連ね、夜のロータリーには子供を迎えに来る車が並ぶ。県庁所在地の名を冠した駅が「高校生のための空間」になっていることに衝撃を受けた。東京の電車を埋め尽くしている、働く人々の姿はほとんど見かけない。

小学校・中学校までは、徒歩や自転車での移動圏内に学校がある。高校進学に際しては、大学を見据えたり、クラブ活動や文化的な特徴から選択をするため、家の近くに希望する高校があることは稀である。生活範囲は広がるが、車の免許を取得できる年齢ではないため、公共交通を駆使して移動する必要が生じる。働く大人は、1人1台所有している車で通勤するので電車は使わない。

群馬県の15歳から17歳の人口割合は全体の3％に満たないが、平日1日の年齢別鉄道利用者を見ると前橋駅等を含む県央地域において24・6％、北毛《ほくもう》地域に至っては45・7％を高校生が占めている。[1] そのため今後の更なる少子高齢化は鉄道利用者数に大きく影響を及ぼし、地方の郊外地域では廃線リスクが高まっている。

より衝撃的なのは高校生1万人あたりの自転車事故件数である。全国平均26・0人に対して、群馬県は105・8人と全国で最も高く、[2] 地方都市の構造的な問題がはらむ暴力性に若い世代が晒されている事実を重く受け止めざるを得ない。

駅から社会を脱学校化するハイスクール・アーバニズム

そう考えると、高校3年間の「都市的経験」は彼ら彼女らが生まれ育った地域の命運を握っているのではないだろうかと思える。どのようなイメージや愛着、ネットワークを高校生活の中で培ってきたかが、「地元」との長期的な関わりを決める要因となるだろう。高校時代の経験がどのような可能性に開かれているか、またそれを阻害するものは何かという視点から地方都市のこれからを計画することを「ハイスクール・アーバニズム」とよんでみたい。その中心的な舞台として駅や鉄道のネットワークを捉えたい。

冬の受験シーズン、ホームの電光掲示板やポスターを使って駅員が受験生に熱いエールを送るニュースを目にする機会が増え、ひとつの風物詩や文化になってきた感がある。これは駅員と高校生の言葉を介した、あるいはまなざしの交差としての日常的な交流の深さを物語っている。校舎という「施設」や、授業やカリキュラムとしての「制度」、先生―生徒という「関係」だけに教育が閉じていないことを痛感させられる。イヴァン・イリイチの『脱学校の社会』で批判されるように、制度―施設―サービスが一義的な連関を形成することで、駅は交通空間、学校は教育空間というように想像力の限定が生じてしまうのが普通だが、実際はそうではないはずなのだ。

教育、あるいは「学ぶ」ということを、多様なアクターが関わるエコシステムとして捉える想像力が出発点である。実際に秩父鉄道のＳＬに乗車した際に、農業高校の学生が車内で地元の野菜のＰＲと販売を行っていた。このように、主体的に社会へと働きかける経験を生む環境づくりという観点に立って、資源や空間や人の関係を再編することに、駅や鉄道のこれからの役割と可能性があるのではないだろうか。

資源と人が混ざり合う場としての駅

地方の鉄道の多くは、その誕生の背景には石灰や生糸といった「資源」の移動がある。「資源」の移動を第１世代と定義すると、都市の空間的拡張を背景に「人」の移動のネットワークとして読み替えられていくのが第２世代である。現在は自動車交通の発達や少子高齢化によって新しい局面を迎えており、第３世代の構想が必要だ。前述の鉄道の教育空間化の例は、それを先取りしているのではないだろうか。つまり「資源」と「人」が出会い、混ざり合う場としての駅・鉄道である。

通り抜ける農地の野菜や人的ネットワーク、静かに見守る駅員、駅前の大型商業施設跡地、駅に置かれたピアノや高架下空間。そういった多様な資源や人を、若い世代の都市的経験、ネットワークとしての教育環境の形成という視点から再編する。空隙が目立つ駅前大型商業施設に、図書館などの公共施設を入れる取り組みも増えている。車社会化に照準を合わせて配置されている公共施設も更新の時期を迎えつつある。再配置の議論と結びつけながら、駅および鉄道のネットワーク自体を社会空間化していく取り組みが今後重要だろう。

街路から都市の文化を醸成する

一方大宮は、北関東の高校生が週末遊びに行くメッカだ。在来線で気軽に訪れることができ、商業的なコンテンツが揃っているからだろう。圧倒的な交通網を活かした商業集積都市として栄えた大宮だが、便利さゆえにコンテンツの大衆化が生じ、地域独自の文化的価値を感じづらい状況にある。また「住みたい街ランキング」で上位にランクインしている通り、駅周辺でのマンション開発も盛んで、東京へのアクセスが良い「生活都市化」の傾向がある。その結果生じているのは、駅周辺における局所的な「郊外化」の現象だ。商店街やデパートがあった街区を再開発して生まれた商業施設＋公共施設＋オフィスからなる複合ビルの足元は、主にフードコートとスーパーによって構成されており、ショッピングモール的空間がロードサイドから移植されたようである。郊外で発明された空間、その「どこにでもある」「あたりさわりのない」ことの安心感に慣れ親しんだ世代が、生活都市化する大宮にそれらを呼び戻していると見立てられるかもしれない。

大宮は地域の中心でありながら、便利さ・大衆化による文化的空白の拡大という危機に直面しつつあるように思える。それに対する一つのアプローチとして、筆者が所属するアーバンデザインセンター大宮[3]（以下、UDCO）の取り組みを紹介したい。

UDCOは公共空間、特にストリート（街路及び沿道の空地等）の利活用を通じて、地域文化の醸成を目的に活動している。ユニークな個人商店が挑戦するには、駅周辺のテナント賃料は高い。その結果チェーン展開する店舗が増え、街の個性は弱まり、主体的に地域に関わる人々の活躍の場が少ない状況と言える。

UDCOは行政と連携し、さまざまな空地を見出し、意欲のある人々と出会い、活動のための場と仕組みをつくり、それが継続的なものになるよう支援をしている。前述の駅近くの街区の再開発によって拡張された歩道空間は、純粋な移動のための空間になっている。UDCOでは、駅近にある重要な空地として位置づけ利活用をしており、周辺に点在している個性豊かな「古着屋」が集まるマーケット「OMIYA STREET WARDROBE」[4]はその一つである。

大宮には20年ほど前から古着屋の集積が始まり、北関東の若者を中心に人気のエリアになっている。小さな店に所狭しと服が並び、店主の顔や個性が見える。店主と会話することも目的であり、文化的な情報サロンとしても機能している。服は食品とは違い腐らず、軽く移動も容

OMIYA STREET WARDROBE（撮影：工藤裕之）

易であり、幅広い年齢の人が楽しむことができる点においても公共空間を使ったマーケット向けである。一方で、古着は大宮の文化的イメージにまで定着していない。

周辺の古着屋に思いを伝えて周ると、「OMIYA STREET WARDROBE」の主旨に賛同し10店舗が出店をした。普段は無彩色な歩道に華やかな彩りがもたらされ、老若男女が足を止めた。古着屋マップを作成して配布し、そのことで店舗同士の交流も生まれた。歩道の利活用を通じて、街のコンテンツを可視化して、ネットワークを育む。地域文化を醸成していくはじめの一歩を踏みだせた。

まちで育つ

まちには文化が必要であり、そこにしかないコンテンツの魅力が重要である。前橋と大宮の例では状況が全く異なるが、人やコンテンツが育つ環境をどうつくるかが鍵である点で同じである。前橋駅においては、高校生に社会との接点や都市的な経験の機会をつくる観点で駅という空間資源を再編すること、大宮駅においてはコンテンツが育ちネットワークが生まれるプラットフォームとしてストリートを再解釈することの可能性に触れた。

ファスト風土は地域的な文化を失わせたり見えづらくしている。郊外の周縁でも、大衆コンテンツで埋め尽くされる駅前でも、小さな単位から文化は育んでいけるはずである。文化(culture)は継続的にコンテンツと空間の関係をかき混ぜ続けること、つまり都市を耕す(cultivate)という営みから生まれる。荒野とも思える場所で、種を見出して、土壌を回復していく時代である。

伊藤孝仁（いとう・たかひと）
一九八七年東京生まれ。二〇一〇年東京理科大学工学部建築学科卒業。二〇一二年横浜国立大学大学院Y-GSA修了。乾久美子建築設計事務所を経て二〇一四年から二〇二〇年までトミトアーキテクチャ共同主宰。二〇二〇年よりＡＭＰ／ＰＡＭ（アンパン）主宰。大宮を拠点に北関東・南東北エリアでの地域拠点づくりに関わる。「社会的資源の営繕」をテーマに、道具から都市まで、ストリートからランドスケープまで、領域を広げながら建築設計に取り組んでいる。アーバンデザインセンター大宮［ＵＤＣＯ］デザインコーディネーター。東京理科大学・千葉工業大学・前橋工科大学・明治大学非常勤講師。

1 群馬県交通まちづくり戦略（群馬県、平成30年）
2 同右
3 アーバンデザインセンター大宮［ＵＤＣＯ］は、大宮駅周辺のこれまでのまちづくりや国土づくりの方向性を踏まえ、市民、行政、企業、教育・研究機関など、様々な主体が広く連携しまちづくりを推進する基盤として、二〇一七年三月に設置された。大宮の「ストリート」に着目し、その利活用を通じて都市街路文化やコミュニティを醸成していく取り組みを中心に活動している。http://www.udco.jp/
4 アーバンデザインセンター大宮が主催する「ストリートデザインスクール＠大宮２０２２」において実施された社会実験

第10章 イタリアから学ぶ脱ファスト風土

陣内秀信

イタリアと日本は、石と木の文化で大きな違いがある反面、不思議なほど共通性も多い。南北に長く海に囲われた国土のあり方、地形・自然条件が多様で食文化も地方ごとに多彩な変化を見せること、職人の技や美の感覚を大切にする考え方など、どれもよく似ている。社会の近代化の遅れで汚職が起きやすい社会的構造までそっくりだ。

このように違いと共通性を持つイタリアと比較するのは、ファスト風土化する日本の都市の問題を根本から問い直すにも意味があるだろう。

＊＊＊

一九六〇年のローマオリンピック、六四年の東京オリンピックが象徴するように、戦後復興から六〇年代の高度成長期にかけての両国の歩みは似ている。六〇年代、豊かになったイタリアはドルチェヴィータ（甘い生活）の時代を迎え、庶民の日々の食卓にも肉料理が登場した。

北イタリア・トレヴィーゾのシニョーリ広場
（ファッションの町として知られる）

日本も所得倍増で消費が増えた。

一九七〇年頃がお互い、ターニングポイントだった。イタリアでは、ここで国土の産業構造が大きく変わった。ミラノやトリノを中心に大企業が牽引する工業化時代が終わり、経済の低迷、治安の悪化、社会の混迷期に入った。だが、この時期に確実に次のステップに向けた価値の掘り起こしが進み、新たな経済基盤の形成につながった。それが、八〇年代に開花したファッション、デザインなど、付加価値の高い創造的な産業であり、イタリア人の個性、感性が活かされ、この国の商品が世界の人々の心を掴んだ。その舞台は中北イタリアの個性豊かな中小都市だった。

こうしたイタリア都市の甦りには、一九六〇年に始まる「歴史都市保存」への動きが重要な役割を果たした。さらに、拡大志向の都市の思想を逆転させ、コンパクトシティを文字通り実現したのが、一九七〇年代前半の革新自治体、ボローニャだった。「保存は革命である」と謳う市役所のメッセージに驚かされたのを覚えている。歴史都市を保存しながら現代の暮らしに合う空間に再生する事業が成功し、世界の注目を浴びた。古い都心に住むことが格好いい、という価値観がこの頃からイタリアに、そしてヨーロッパ中に広がった。

しかも、一九七三年の第一次オイルショックを機に、旧市街での車の利用の見直しが急速に広がった。社会実験で車を締め出したローマのポポロ広場で自由に振る舞う市民達の喜びに満ちた写真は、強烈だった。八〇年代に入ると、各地で歩行者空間化が進み、人間的尺度でできたイタリアの広場や街路はその魅力を大いに発揮し、都市に回遊性が生まれ、買い物、飲食の楽しみもグッと増すことになった。

八〇年代は同時に、田園の発見の時期でもあった。中小都市が元気になると、まわりに広がる豊かな田園にも自ずと人々の関心が向くようになった。歴史都市の文化的・環境的な価値を謳い上げたその眼で、やはり歴史が重なる田園／農村のもつ価値を評価し始めたのだ。田園には「文化的景観」としての価値があるという新たな考え方が浮上した。

それは都市文明の行き詰まりを感じる先進国の人々の価値観と結びつくものだった。アメリ

オルチャ渓谷・ラディコーファニの田園風景

カ発のグローバリゼーションに対抗するべく、一九八六年にイタリアで「スローフード」運動が起こったのも、大きな意味を持った。都市化の進展、市街地の野放図な拡大で田園が潰されていく現象は、イタリアにもあった。この国でもロードサイドに大規模商業施設が建設される現象が見られるが、それが人々のライフスタイルを変化させたり、古い都心部の空洞化を招くことはない。歴史都市の魅力アップと並行して、田園を再評価する動きが大きく広がっているのを、九〇年代以後のイタリアをウォッチングしていて実感できる。

地産地消の考え方が共通認識となり、都市と田園／農村との交流を甦らせる動きが活発だ。生産者と消費者の間がゼロを理想と考える「キロメトロ・ゼロ」という合言葉が、今のイタリアの人々の価値観を象徴する。

日本でもオイルショック後、七〇年代中盤から後半、そして八〇年代半ばまで、低成長時代が続くなかで、環境、歴史の価値を耕す時期を経験し、文化的アイデンティティ、都市の景観への意識を高めた。「地域主義」が謳われ、地方の時代とも言われた。八〇年代の渋谷、原宿をはじめ、日本の都市空間に、イタリアの歴史都市の動きとも相通じる人々の溌剌とした姿が見られた。

しかし日本は、八〇年代中頃に始まるバブル経済の時期に、経済論理にもとづく都市開発に再び舵を切ることになった。イタリア、ヨーロッパが示した既存の都市の歴史・文化の資産を活かし、人々の営みを大切にする「都市再生」の考え方とはまったく逆の、規制緩和で大規模開発を進める日本版「都市再生」を推進し、再び東京一極集中の道を歩むことになった。一方、地方都市では、都心のシャッター商店街拡大の現象がより深刻になるのと裏腹に、ロードサイドの大規模商業施設がますます充実し、ファスト風土化の動きに歯止めがかからない。

私がここで注目したいのは、一九八〇年代以後、イタリア人がよく口にするようになった「テリトーリオ」という考え方だ。そもそも都市とそのまわりに広がる田園／農村は本来、経済社会的に密接なつながりをもち、互いに支え合って、共通する文化的アイデンティティを育んできた。そこには当然、山や丘、川や海など自然・地形が基礎にある。こうした広がりをもつ全体をテリトーリオと呼ぶ。

だが、それは近代化、工業化の急速な進展とともに、見え難くなった。都市の拡大とともに田園の価値が忘れられ、交通・流通の発達で市場が広がって、ローカルなまとまりが意味を失った。大都市へ人口が流出した農村には耕作放棄地が広がり、郊外のロードサイドに大規模商業施設も生まれた。

こうした日本とも共通する状況において、イタリアは底力を発揮した。都市の思想の転換プロセスを経て、一九八〇年代に入る頃から、テリトーリオの重要性を人々が自覚し始め、文化的象徴としての都市が輝きを取り戻し、同時に、田園の豊かさ、美しさを人々が自慢するようになったのだ。

イタリアの「テリトーリオ」の考え方のなかにこそ、「脱ファスト風土」への有力な手掛かりを見出せるのではなかろうか。

テリトーリオの考え方とその有効性をもう少し見ていこう。イタリアには、コムーネと呼ばれる基礎自治体が7900ほどあり、日本の市町村のようなランクづけがなく、ローマも1万人以下の町も同じくコムーネであり、シンダコという市長がいる。コムーネの平均人口は約7

０００人で、人口５０００人未満のコムーネが約70％を占めることからわかるように、大きい自治体を目指そうとする動きはあまりない。

そのほとんどが中世、さらには古代に起源が遡り、自治の精神が発達し、町の固有性を大切にする気持ちが強い。住民の誰もが、隣町とは違うということを強調し、自慢する傾向がある。空間的には、城壁で囲われ市庁舎あるいは役場がある、人々がpaeseと呼ぶ中心的な居住地が存在し、その周辺に田園／農村が広がって、山林が背後にある。これが、最も小さなそして基本的なテリトーリオである。

もう少し大きく見ると、中核都市（といっても人口５～30万程度）のまわりに小さなコムーネが点在し、社会的・経済的、さらには文化的に共通のアイデンティティを持つエリアが形づくられ、たとえば、シエナ県、ヴェローナ県といったように県（provincia）という単位を構成する。これが大きなテリトーリオと言えよう。

だが、九〇年代以後のイタリアを見ていると、いくつかの小さなコムーネが連携し、近代化、グローバル化の中で忘れられていた地勢的、歴史的な共通性を掘り起こし、新たな意味付けを行って、同じテリトーリオとしてその存在をアピールするのに成功した興味深い事例が増えている。

たとえば、一九九七年に世界文化遺産に登録されたアマルフィ海岸は、中世の海洋都市国家

アマルフィ海岸、コンカ・デイ・マリーニの海辺のレストラン

として共通の歴史的体験を持つ多くのコムーネが連携し、世界遺産の登録を実現した。崖が迫る海に面した土地は石積みで段々状に造成されて、レモン畑の美しい風景をつくり出し、どの入江にも谷間の斜面に迫力ある港町や漁村が発達している。内部の山間エリアには、やはり歴史のある個性豊かな小さな町、村が分布し、全体が山道でネットワークを形成しているのだ。近代化で取り残されがちだったこれらを再度、結びつけ、連携することでアマルフィ海岸全体のイメージを高め、文化的、経済的なポテンシャルを引き上げている。

この20年、アマルフィ海岸の内陸山間部では、伝統的な産物だったフィオル・ディ・ラッテ（牛乳からつくるモッツァレッラ）、船乗り用から始まった保存がきく硬いパン、ヴェスヴィオ火山から繋がるプチトマト、地元種の葡萄からつくられるワインなど、地域固有の特徴ある生産活動が新たな世代の頑張りで活発になっている。ブランド化にも成功し、輸出用ばかりか、アマルフィをはじめ、このテリトーリオに数多く点在する観光地のレストラン、ホテルに提供され、世界中から集まる人々に大好評を得ている。まさに地産地消を文字通り実現している。

もう一つの好例は、トスカーナ州のオルチャ渓谷である。戦後の高度成長期から一九八〇年代まで、農業が衰退し、丘の上に分布する田舎町はどこも過疎に苦しんだ。だが、産業廃棄物処理施設の建設を押し付けられそうになったことで、この地域の人々は奮起した。逆転の発想で、歴史的にも地形・自然条件的にも共通性を持つ5つの自治体がオルチャ渓谷によって連携を強め、広域にわたる自然公園化を実現させ、文化的プロモーションを展開するなかで、二〇〇四年に見事、世界文化遺産に登録されたのだ。

アマルフィ海岸内部、トラモンティにある家族経営のチーズ工房

日本では逆に、周辺の小さな町や村を併合し、大きな自治体を目指す傾向が強く、隣の自治体と連携することなく中央政府から補助金を得ることばかりを考える姿勢が目立つ。

オルチャ渓谷の田舎町で食とワインを楽しむ

これではテリトーリオの底力を発揮することは難しい。違いのある小さな自治体が互いの個性を生かしながら連携してこそ、多様性をもつ魅力あるテリトーリオを形づくれる。

イタリアのテリトーリオ戦略を見ていると、アーバンな価値とルーラルな価値の乗り入れ、新たな結びつきを上手に実現しているように思える。八〇年代以後のイタリアが誇る食の文化は、まさにその代表であり、ワイン（エノ）と合体したエノガストロノミア（ワイン＋食文化・美食学）という言葉が、地域起こしの最も魅力的なキーワードになっている。ワインも食もテリトーリオの象徴であり、農村と都市の間を結ぶ架け橋なのである。

そもそも農村はかつて、一次産業の農業生

産を行う場所としてのみ考えられていたが、今は、環境、生物多様性、景観、文化、福祉、観光など多目的、多機能を持つ、都市民にとっても重要な意味のある場所として位置付けられる。そこに住みたいという人も増えている。都市と農村の有機的関係の再構築を目指すテリトーリオの考え方は、今、日本に最も必要なものであるに違いない。だが、これを展開するには、行政の縦割りを打破しなければならない。専門家や市民の知も分野を越えて繋げなければならない。

日本もイタリア同様、地形・自然条件の多様性を誇り、四季の変化に恵まれ、都市の多彩さばかりか、田園／農村の美しさ、魅力を誇ってきたはずだ。農作物、海産物の種類の多さでも、両国は極めて似ている。日本各地の料理文化の高さを、イタリア人のように我がテリトーリオを自慢する文脈の中で語ることを始めたい。東京一極集中を推し進めるばかりでは、日本に希望はない。全国のさまざまな個性豊かなテリトーリオ像を描き、その地域起こしの新たな可能性を探求する動きが大きく展開するのを期待したい。

陣内秀信（じんない・ひでのぶ）
法政大学江戸東京研究センター特任教授、中央区立郷土資料館館長。
東京大学大学院工学系研究科博士課程修了。ヴェネツィア建築大学留学、ユネスコのローマ・センターにて研修。専門はイタリア建築史・都市史。著書に『東京の空間人類学』（筑摩書房）、『都市と人間』（岩波書店）、『水都ヴェネツィア―その持続的発展の歴史』（法政大学出版局）、『都市のルネサンスーイタリア社会の底力〈増補新装版〉』（古小烏舎）等。受賞歴にサントリー学芸賞、ローマ大学名誉学士号他。

第11章　センシュアス・シティとファスト風土——「食」から考える地方創生

島原万丈

1．センシュアス・シティ論的ファスト風土分析

三浦展氏は二〇〇四年に初めて「ファスト風土化」という言葉を提唱し、広い国道沿いにナショナルチェーンの大型商業施設ばかりが立ち並ぶ郊外開発によって、地域の風土が均質化してコミュニティも破壊されると批判した。その後三浦氏のファスト風土論が都市計画や社会学を中心に幅広い分野に受け継がれていく中、二〇一二年には作家の山内マリコ氏はデビュー作『ここは退屈迎えに来て』で、若い女性登場人物の視線を通して地方都市の退屈さを切実に描き、生活者目線のファスト風土批判を書き加えた。

三浦氏から山内氏へ連なるファスト風土に関する否定的な論調には、当然批判や反論もある。実際に地方都市で話を聞くと、イオンモールの存在をまるで地方のディズニーランドのように喜ぶ人や、スターバックスの出店を心待ちにしている若者は少なくない。

実際のところ「ファスト風土化」という現象は、その地域で暮らす人々の日常をどのようなものにするのだろうか。そこで、本稿ではまず定量的なデータでファスト風土化した地方都市

の実態を再検証する。そして、地方創生の文脈からファスト風土の具体的な課題を洗い出し、再生へのヒントを探ってみたい。

分析ツールとして、LIFULL HOME'S総研の都市評価研究『Sensuous City［官能都市］』（二〇一五年）で提唱した、センシュアス・シティという概念を用いる。『Sensuous City［官能都市］』の最大の特徴は、動詞で都市を評価したところにある。評価指標の設計にあたっては、まず都市における住人のアクティビティを「関係性」と「身体性」という2軸で分類し、関係性について〈共同体に帰属している〉〈匿名性がある〉〈ロマンスがある〉〈機会（チャンス）がある〉の4指標、身体性について〈食文化が豊か〉〈街を感じる〉〈自然を感じる〉〈歩ける〉の4指標を設定した。

そしてそれぞれの指標について、たとえば〈共同体に帰属している〉では「お寺や神社にお参りをした」、〈ロマンスがある〉では「素敵な異性に見とれた」、〈食文化が豊か〉では「地酒、地ビールなど地元でつくられる酒を飲んだ」、〈歩ける〉では「遠回り、寄り道していつもは歩かない道を歩いた」など、リアルな日常生活のシーンを切り取るようなワーディングで各指標につき4つ、合計32項目の質問（図表11‐1）を用意し、１３４に区分した全国の主要都市の住人を対象に、住んでいるまちでの過去1年間の経験頻度を尋ねた。そうして得られたアンケ

図表11 - 1

関係性	共同体に帰属している	1	お寺や神社にお参りをした
		2	地域のボランティアやチャリティに参加した
		3	馴染みの飲み屋で店主や常連客と盛り上がった
		4	買い物途中で店の人や他の客と会話を楽しんだ
	匿名性がある	5	カフェやバーで１人で自分だけの時間を楽しんだ
		6	平日の昼間から外で酒を飲んだ
		7	不倫のデートをした
		8	夜の盛り場でハメを外して遊んだ
	ロマンスがある	9	デートをした
		10	ナンパした・された
		11	路上でキスした
		12	素敵な異性に見とれた
	機会がある	13	刺激的で面白い人達が集まるイベント・パーティに参加した
		14	ためになるイベントやセミナー・市民講座に参加した
		15	コンサート、クラブ、演劇、美術館などのイベントで興奮・感動した
		16	友人・知人のネットワークで仕事を紹介された・紹介した
身体性	食文化が豊か	17	庶民的な店でうまい料理やお酒を楽しんだ
		18	地元でとれる食材を使った料理を食べた
		19	地酒、地ビールなど地元でつくられる酒を飲んだ
		20	ミシュランや食べログの評価の高いレストランで食事した
	街を感じる	21	街の風景をゆっくり眺めた
		22	公園や路上で演奏やパフォーマンスしている人を見た
		23	活気ある街の喧騒を心地よく感じた
		24	商店街や飲食店から美味しそうな匂いが漂ってきた
	自然を感じる	25	木陰で心地よい風を感じた
		26	公園や水辺で緑や水に直接ふれた
		27	美しい青空や朝焼け・夕焼けを見た
		28	空気が美味しくて深呼吸した
	歩ける	29	通りで遊ぶ子供たちの声を聞いた
		30	外で思い切り身体を動かして汗をかいた
		31	家族と手を繋いで歩いた
		32	遠回り、寄り道していつもは歩かない道を歩いた

出所：『Sensuous City［官能都市］』LIFULL HOME'S総研（2015）

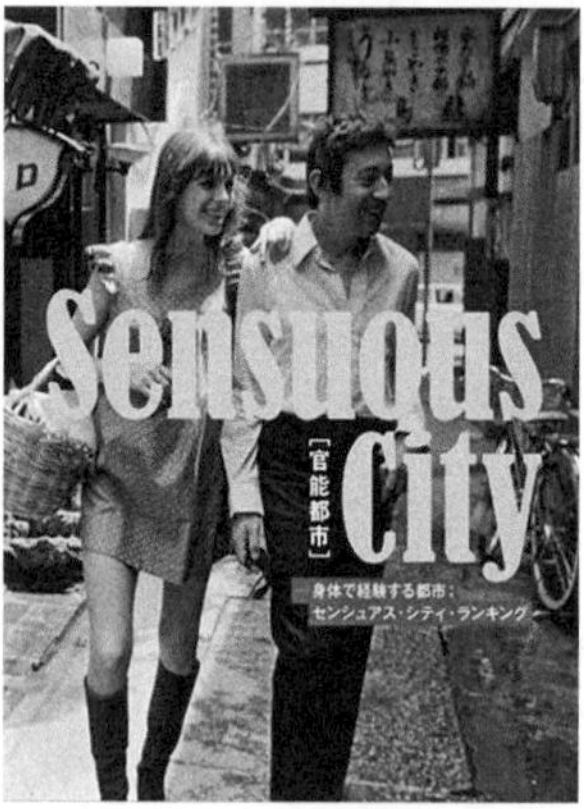

『Sensuous City［官能都市］』
LIFULL HOME'S 総研（2015）

ート調査結果をもとに、8指標をそれぞれ偏差値化した合計からなる総合スコアによって、より豊かなアクティビティが観測された都市を官能的な都市であるとして「センシュアス・シティ・ランキング」を作成した。

なお、「Sensuous ＝官能的」という言葉には、感覚の・五感の／五感に訴える・感覚を楽しませる、などの意味がある。

2．センシュアス・シティとファスト風土の都市構造

まず、「センシュアス・シティ・ランキング」で上位に位置した地方都市との対比で、ファスト風土的な都市の特徴をみてみよう。比較対象に選んだのは、金沢市と富山市、静岡市と浜松市である。金沢市と富山市はいずれも北陸地方を代表する中核市で、人口も金沢市46・6万人、富山市41・9万人とほぼ同規模である。静岡市と浜松市は同じ静岡県内の政令指定都市で、人口は静岡市が70・5万人、浜松市が79・8万人とこちらもほぼ同規模と言ってよい（人口は「平成27年国勢調査」より）。

図表11－2

	金沢市	富山市	静岡市	浜松市
総人口(人) ※平成27年国勢調査	465,699	418,686	704,989	797,980
DID人口(人) ※平成27年国勢調査	387,341	235,868	621,501	475,253
DID人口比率	83.2%	56.3%	88.2%	59.6%
世帯あたり自動車保有台数(台) ※一般財団法人自動車検査登録情報協会（平成27年３月末）	1.357 (全国81位)	1.579 (全国24位)	1.161 (全国120位)	1.487 (全国50位)
アウトレット・ショッピングモール(施設) ※マピオン電話帳より	11	10	9	14
――うち郊外立地	4	6	4	11
食べログ掲載店舗数(店) ※2013年１月（ジャンル指定なし）	4,433	2,885	5,076	4,065

これら４都市のセンシュアス・シティ・ランキングを確認すると、１３４都市の中で金沢市は８位、静岡市は12位で、東京都と大阪市を除く地方都市の中で１位と２位である。対して富山市は60位、浜松市は69位と中位あたりに位置しており、同じ地域ブロックでほぼ同程度の人口を擁するにもかかわらず、センシュアス度で見た場合の評価には大きな隔たりがある。

もちろん、センシュアスでない＝ファスト風土と決めつけるわけにはいかない。しかし、富山市と浜松市を多少なりとも知っていれば、両市をファスト風土的都市の代表的サンプルとすることには大きな異論は出ないのではないか。DID（人口集中地区）人口比率、世帯あたり自動車保有台数、郊外のショッピングモールの数を確認しても、富山市や浜松市はまさにファスト風土的な都市構造を持っている。対して金沢市と静岡市はウォーカブルなコンパクトシティの素性が垣間見える（図表11‐2）。

こうした違いから、ほぼ同程度の人口規模を持ちながら、金沢市と富山市、静岡市と浜松市では中心市街地の活気がまるで違う。中心市街地を1時間もぶらつけば、その違いは誰でもすぐに体感できる。

如実に違いが表れるのが飲食店の量と顔ぶれである。試しに「食べログ」に登録されている市内の飲食店を数えると（二〇二三年一月一三日現在、ジャンル指定なし）、金沢市４４３３店に対して富山市２８８５店、静岡市５０７６店に対して浜松市４０６５店。人口１万人あたりで計算すると金沢市95・2店、富山市68・9店、静岡市72・0店、浜松市50・9店、という差になる。特に金沢市の外食のレベルは驚くほど高く、「食べログ」のレーティングで3・50以上の店が２４２を数える。この数は人口１００万人の政令市のそれに匹敵するものだ。同じ人口規模であってもセンシュアス・シティとファスト風土では外食環境の差はかように大きく、市民にとっては外食時の選択肢の豊富さとして実感されるだろう。

3．センシュアス・シティとファスト風土のアクティビティ

では、「センシュアス・シティ調査」の結果から、センシュアスなまちとファスト風土の日

図表11－3

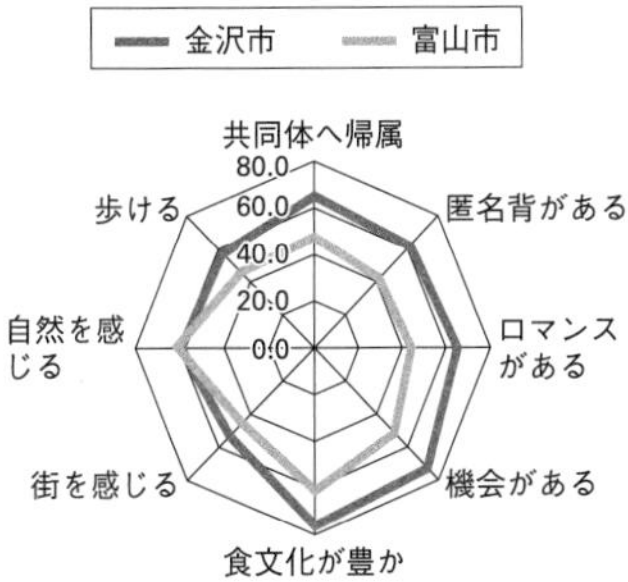

		金沢市	富山市
総合順位（134都市）		8位	60位
関係性	共同体へ帰属	7位	79位
	匿名性がある	16位	114位
	ロマンスがある	11位	91位
	機会がある	7位	44位
身体性	食文化が豊か	1位	16位
	街を感じる	45位	76位
	自然を感じる	20位	11位
	歩ける	28位	90位

出所：『Sensuous City［官能都市］』LIFULL HOME'S総研（2015）の調査データをもとに作成

常生活のアクティビティの違いを比べてみる。

金沢市と富山市（図表11－3）では、〈自然を感じる〉以外のすべての指標で金沢市が富山市を大きく上回っているが、特筆すべきは金沢市の〈食文化が豊か〉が全国1位であることだ。具体的には「地元でとれる食材を使った料理を食べた」と「地酒、地ビールなど地元でつくられる酒を飲んだ」の項目で測ったローカルフードの強さがスコアを引き上げた。富山湾の海産物など美味しい食材や日本酒に恵まれた富山市も〈食文化が豊か〉は16位と健闘しているものの、金沢市には及ばない。富山市は「地酒、地ビールなど地元でつくられる酒を飲んだ」が今ひとつ伸び悩み、「ミシュランや食べログの評価の高いレストランで食事した」と「庶民的な店でうまい料理やお酒を楽しんだ」の低さが足を引っ張る形となった。

なお金沢市は〈共同体へ帰属〉でも全国7位の高いスコアを取っているが、これを押し上げた項目は「馴染み

図表11－4

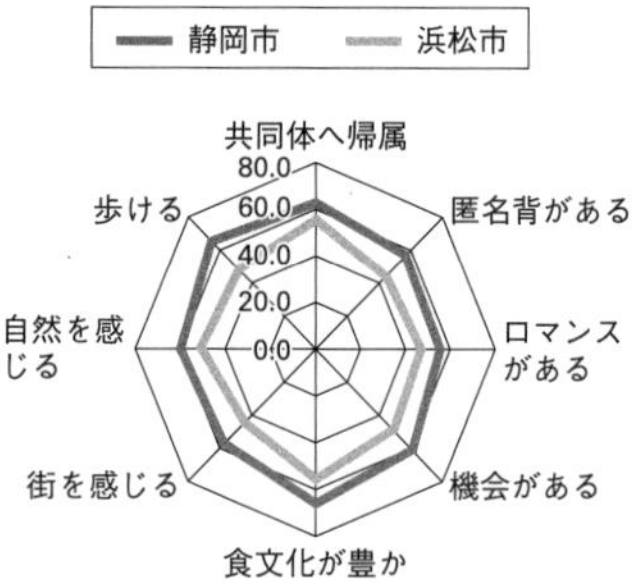

		静岡市	浜松市
総合順位		12位	69位
関係性	共同体へ帰属	14位	36位
	匿名性がある	29位	93位
	ロマンスがある	27位	74位
	機会がある	17位	72位
身体性	食文化が豊か	6位	41位
	街を感じる	29位	93位
	自然を感じる	26位	68位
	歩ける	8位	72位

出所：『Sensuous City［官能都市］』LIFULL HOME'S総研（2015）の調査データをもとに作成

の飲み屋で店主や常連客と盛り上がった」で、個人経営の飲食店がコミュニティ形成にも寄与していることが分かる。

静岡市と浜松市（図表11－4）では、まず〈歩ける〉の差が大きい。静岡市は全国8位、浜松市が72位である。全国でも有数のクルマ社会の浜松市と、コンパクトなウォーカブルシティの静岡市の違いがよく捉えられている。

静岡市もまた〈食文化が豊か〉が6位と高いレベルにある。浜松市も41位と決して低いとは言えないものの、静岡市との差は大きい。浜松市は静岡市と同様に太平洋沿岸から南アルプス付近まで繋がる広大な面積を持ち、海の幸・山の幸に恵まれた地域である。加えて浜名湖もあり、食材の豊富さでは静岡市を上回るのではないか。それにもかかわらず〈食文化が豊か〉で静岡市に大きく水を開けられたのは、「地元でとれる食材を使った料理を食べた」と「地酒、地ビールなど地元でつくられる酒を飲んだ」のスコアが伸び悩んだためである。富山市と浜松市のデータから言えることは、郊外にスプロール化したクルマ社会のファスト風土とローカルフードの相性は悪い、ということだ。

センシュアス・シティ・ランキングでは金沢市・静岡市のほか、盛岡市（14位）、那覇市（19位）、山形市（23位）など、人口規模がさほど大きくなくとも上位にランクした地方都市がある。これらの都市に共通する特徴は、いずれも〈食文化が豊か〉が強いことである。〈食文化が豊か〉指標は、盛岡市4位、那覇市2位、山形市3位、と軒並み全国トップクラスだ。土地に根ざしたローカルフードは、間違いなく東京にはない地方都市の強みである。

4．ローカルフードで地方創生を

今後の本格的な人口減少を見据えると、地方都市のコンパクトシティ化は避けては通れない課題だが、コンパクシティ化には単に立地適正化計画による郊外化の抑制だけでなく、中心市街地の活性化を伴う必要がある。中心市街地が住んで楽しいエリアでなければ、各種の居住誘導策も市民の心を動かさない。

中心市街地活性化の牽引力となるのは飲食店である。確信を持ってそう言えるのは、一度衰退した商店街が飲食店によって息を吹き返している事例が全国各地で観察できるからだ。札幌市の狸小路《たぬきこうじ》商店街、新潟市の沼垂《ぬったり》テラス商店街、名古屋市の円頓寺《えんどうじ》商店街などが好例だろう。

中小企業庁の「令和3年度商店街実態調査」によれば、商店街の業種別店舗数は飲食店が28%で最多である。いまや商店街はモノを買う街というよりも、飲食の街となっているのだ。そして個人経営の小さな飲食店が地元の常連客を主な顧客とすることで、地域コミュニティのハブとしても機能している。

また、金沢市が手本を見せるように、豊かな外食環境は観光産業にとって強力な武器になる。その土地ならではの質の高い食文化は世界中から舌の肥えた観光客を惹きつけ、周辺地域の農業・漁業や食品・酒類製造業などへの波及効果で、地域に多様な雇用を生む力になる。これからの地方都市におけるもっとも確実で有力な成長分野が観光であることは論を俟たないが、ローカルフードの食文化が衰退したファスト風土はこの分野でもハンディを負ってしまうのだ。

詳しく述べる余裕はないが、圧倒的なクオリティのレストランが1軒できるだけで、地域に劇的な変化が起こることがある。たとえば、先ごろ通常のレストラン営業を終了してラボになるとのニュースが世界に衝撃を与えたコペンハーゲンの「noma（ノーマ）」はあまりに有名だ。nomaが打ち出した徹底的に地産地消にこだわるニュー・ノルディック・キュイジーヌが地域の生産者や同業者に与えた影響は、美食不毛のイメージがあった北欧コペンハーゲンを一躍美食観光都市に変貌させるほどのインパクトがあった。日本でも山形県鶴岡市の「Al chécciano（アル・ケッチャーノ）」や富山県南砺《なんと》市の「L'évo（レヴォ）」のようなレストランは旅の目的地となるほどの力を持ち、その波及効果が地域で期待されている。

日本列島は豊かな自然に恵まれ、全国どこへ行っても美味しい農産物や海産物に出会うことができる。かつてに比べると激減したとは言え、全国で１１６４の清酒、５８８の本格焼酎の製造業者（国税庁令和3年調査による）がいる酒造りの盛んな国でもある。さらに最近ではクラフトビール、ワイン、クラフトジン、ウィスキーでも世界的に評価の高い製品が各地に生みだされている。

しかし不思議なことに、地方創生の文脈では、特産品や6次産業の製品が注目されることはあっても、外食という経験にスポットライトが当たることはほとんどない。宮崎県の延岡市と佐伯市では、美食の聖地として世界に知られるスペイン・バスク地方のサン・セバスチャンにならって、東九州バスク化構想として「食」を中心とした経済・文化圏の形成を目指した取り組みが始まっているが、これは稀有な事例である。

そこにしかない資源を活かしたローカルフードの食文化は、ファスト風土化した地方都市を再生する大きな力になる。中心市街地のローカルフードの飲食店はコンパクトシティ化の牽引力になるし、生産者や料理人を育成することは長期的にみて地域の稼ぐ力を高める。ローカルフードの食文化はまた、地域固有の風土の魅力を回復し、ここに住んでいることに意味と誇りを与えてくれる。ようやくコロナ禍も出口が見えた頃合いだ。地方創生はローカルフードの活性化に注力すべきである。

島原万丈（しまはら・まんじょう）
株式会社LIFULL　LIFULL HOME'S総研所長
一九八九年株式会社リクルート入社、二〇〇五年よりリクルート住宅総研。二〇一三年リクルートを退社、同年、株式会社LIFULL（旧株式会社ネクスト）で現職に就任。独自の調査を元に、「住」に関する諸領域での研究と提言活動に従事。（一社）リノベーション協議会設立発起人、内閣府地方創生推進アドバイザーほか、国土交通省や地方自治体、業界団体の委員・アドバイザーを歴任。主な著書に『本当に住んで幸せな街　全国「官能都市」ランキング』（光文社新書）がある。

第12章　女性が地方で生きやすくなるために

岸本千佳

地方で女性が生きづらい三要因

京都を拠点に不動産のプロデュース業を始めて数年後、話題の女性にフォーカスしたドキュメンタリーTV番組『セブンルール』に、私が取り上げられた（二〇一七年）。その際、番組レギュラーのYOUが、「昭和は、東京で一旗揚げないと帰れなかったけど、地方で軽やかに仕事をしているのが今っぽかった」とコメントしていて、なるほどと思った。令和には、都市と地方を分け隔てることなく、自分らしく生きる選択肢が用意されている。

二〇〇五年、私が進学した地方大学のある街はファスト風土化していた。旧城下町から一駅離れた駅の駅前にはショッピングモール、幹線道路沿いにチェーン店が立ち並ぶ。そういうところで一人暮らしのワンルーム・大学・バイト先を行ったり来たりするだけの退屈な生活に危機感を覚えていた。そこで、建築家を地方大学に招く講演会を仲間と主催した。講師には、東京で活躍する気鋭の若手建築家などを呼び、講演録を毎年書籍にして販売した。その頃に、

〝ファスト風土〟の考え方に出会った。

だが本当の意味でファスト風土に打ちのめされたのは、結婚し、和歌山市に住んだ時だ。始めこそ見知らぬ土地での暮らしを楽しみにしていたが、1年後には、精神的な病に陥ってしまった。

自身の経験を通じ、地方には、女性が生きづらいと感じる三つの大きな要因があると考える。

一つ目は、仕事のバリエーションが少ないこと。地域外の大学に進学し、地元に戻ってきても、就職先は、公務員・教員・銀行員程度の選択肢しかない。結婚し、夫の地元または勤務先の都合によって、たまたま暮らした街に、妻が仕事で力を発揮できる機会はさらに少ないだろう。

二つ目は、地方に未だに根付いている家父長制的な雰囲気だ。地方に嫁いだ女性は夫の嫁として認識され、アイデンティティは認めてもらえない。自転車に子どもを乗せて走るパパはほとんど見かけず、父親は仕事・母親は育児と、役割分担が明確だ。街の一部の有力者の力が強く、その威光にすがろうとする人が多く存在する。

三つ目は、地方には、ひとりで心地よく過ごせる居場所が無いこと。ファスト風土化した地方郊外では、カフェは、誰かとおしゃべりする場であって、ショッピングモールはファミリーのための場である。夜、居酒屋へ行く習慣のある男性ならともかく、単身女性は行く当てもなく肩身が狭い。

地方女性の仕事のバリエーションを増やす

地方女性の暮らしを豊かにするためには、気を付けたい点がある。富山市出身の藤井聡子氏のルポエッセイ『どこにでもあるどこかになる前に。』で、「私が掲げた富山の〝土着的魅力〟は、中央が築き上げたステレオタイプの田舎像に過ぎなかった。」と述べているように、いわゆる〝ローカルのていねいな暮らし〟を、地元の人が求めているとは限らない。都市部のコンサルが数回来訪して企画した商品よりも、地元にこういうものがあったらいいのにと、日々生活者として暮らす女性達の視点こそ、地域に必要とされ、魅力的な商品を生む可能性を秘めているのだ。暮らしに密接に関わる不動産領域であれば、尚の事である。

そこで、地方に暮らす女性の新たな仕事の選択肢を、二つ提案する。

①　新築分譲地商店街

新築分譲地で、店舗併用住宅の街区をつくる。お母さんが、家で子育てをしながら、通り面の一室で小商いをするのだ。そうすると、住宅地が商店街のような役割を持つ。ひとりで店を構えるのは、集客の問題や、子どもの病気で店を閉めざるを得ない等のリスクがあるが、小商いが複数軒あると心強い。ひとりで店舗を借りて開業するより、金銭的・心理的ハードルが低い。

事実、「中宇治yorin」という複合店舗をプロデュースした際、焼き菓子店とヘアサロンは地元のお母さんの経営する店が入居したのだが、「ひとりでは出来なかった。他に店があるここでなら、開業できると思った」と、オープンの際、涙ながらに伝えてくれた。

② 地元ママ開発のアパート

地方女性が地元で不動産投資をする。それには、資金調達や改装工事に時間とパワーがかかるが、時期を自分の都合で選択できるのが良い。ひとたび満室になれば、子育て中も家賃は自動的に入ってくる。地元の人脈も活かせる。副業で行えば、本業のリスク分散にもなる。今、全国に急増している移住者の力を借りて、デザインすることも可能だろう。

弊社は、オーナーの背景を活かした投資物件をつくることを得意としているが、女性のこれまでのキャリアをいかようにも活かせるだろう。保育士なら、子どもが暮らしやすい賃貸住宅、ヨガのインストラクターであれば、オフィスに身体を動かせるリフレッシュスタジオを併設、無類の本好きなら、ブックサロンのあるアパートといった具合だ。オーナーが興味のあることが最も長続きする。多様なコンテンツのある街の形成にもつながる。

そして、女性が自己肯定できる環境で働くことは、経済的自立と精神的な支えを得る。地方で暮らす女性が内在的な力を発揮する選択肢があれば、伝統的家父長制の抑圧を軽やかにかわすことができる日も近い。

特定少数のための小さな居場所

ひとりで心地よく過ごすには、女子高生でも、単身女性でも、子育て中の女性でも、他者から認められ多様な価値観にも出会える、「特定少数のための小さな居場所」が必要とされていると考える。不特定多数のための大きな箱を作ってきた、ファスト風土化した地方にこそ。

弊社は、アパート一棟やエリア一帯の開発などの依頼が多く、施設内に必ず、特定少数のための空間づくりを実践している。それには、場所さえあればいいわけではなく、関係性が育まれるよう緻密な空間・仕組みづくりが求められる。

たとえば、クラフト系作家のためのアトリエ付き住宅「tede」の共用空間は、外廊下の床のレンガが、屋内にも連続して敷かれ、何となく中に引き込まれるように設計している。展示会場や商談だけでなく、食事会に使うこともできる。

京都・西陣の端に企画したあたらしい職住一体群「つれづれ nishijin」では、長屋を解体して生まれた芝生が、路地奥に突如として現れ、入居者がイベントや撮影ができ、個性的な店舗

建物内外をシームレスに使える tede
（撮影：貝出翔太郎）

つれづれ nishijin の中庭で地元作家のマーケット
（撮影：平野愛）

群の魅力にもなっている。

他にも弊社オフィスから徒歩圏内に、携わった場所が20箇所程ある。コロナ禍では、互いの商いを尊重し気遣い合う関係性に、私自身が救われた。

地方女性の企画力に期待

前述の新築分譲地商店街や地元ママ開発のアパートは、生活者だからこその本当に欲しい暮らしを提案でき、ここにしかない新たな地方の魅力となる。さらに、魅力的な場所であれば、地方に流れ着いた人間が救われる存在にもなり得る。

昨今の日本では、地方でも都市でも、一見普通の人も結構生きにくい。私は仕事を通じて、普通の人の暮らしを生きやすく豊かにすることを、一貫して追求してきた。地域発の気が利いていて少しエッジの立った、特定少数のための居場所が複数点在している地方こそ、先行き不透明な時代に必要とされ、人々が住み続けたいと思えるところになるのではないだろうか。

岸本千佳（きしもと・ちか）
不動産プランナー　株式会社アッドスパイス代表取締役

一九八五年京都府生まれ。滋賀県立大学環境建築デザイン学科卒業後、東京の不動産ベンチャーにて、シェアハウス等の遊休不動産の活用実務を経験した後、京都でアッドスパイスを設立。不動産の企画・設計・仲介・管理を一貫して担うことで、時勢を捉えた建物と街のプロデュースを行う。京都芸術大学非常勤講師。著書に『不動産プランナー流建築リノベーション』（学芸出版社）、『もし京都が東京だったらマップ』（イースト新書）。

第13章　スローでボトムアップなまちづくり——裏原宿・西荻窪・立川

籾山真人

裏原宿から始まった〝エリアリノベーション〟の胎動

高校生くらいの頃は、地元があまり好きではなかった。筆者が生まれ育った東京・立川は、お世辞にも治安がいいとは言えず、たまに遊びに行く新宿や渋谷と比べて、なんだか田舎臭いと感じていた。大学生になった一九九六年頃には、区画整理と再開発によって駅周辺も大きく変貌し、急速に商業化が進んだ。便利になっていくことは少し誇らしくもあったが、どこかで違和感も感じていたのだ。

筆者が、まちに興味を持ったきっかけは、そんな学生時代のことだった。当時、通称「裏原宿」と呼ばれる一帯には小規模なアパレル店が集積し、独自のファッションを生み出していた。「裏原宿」形成の背景には、一九九〇年代前半に起きたバブル崩壊による空き店舗の増加があったと指摘されている。資金をあまり持たない若者が自身のブランドを立ち上げ、さらに友人関係などの人脈を活用することで出店が続き、その後の度重なるメディア露出を経て、海外にも知られる存在となった。

筆者は、こうした裏原宿の〝仕掛け人〟ともいえる若者たちのサクセスストーリーをメディアを通じてリアルタイムで目の当たりにし、まちの変化のプロセスに興味を持ったことで、大学ではまちづくりを専攻。その後、社会人となったのちに、自身も立川のシネマ通りという寂れた商店街で、今でいうエリアリノベーションに取り組んだ。

国土交通省によれば、エリアリノベーション（≒リノベーション・エリアマネジメント）とは「特定のエリアにおいてリノベーション等で遊休不動産を再生することにより、エリアにおける良好な環境やエリアの価値を維持・向上させるための、住民・事業主・地権者等による主体的な取り組み」のことで、近年そうした自然発生的で内発的なまちづくりの事例（ボトムアップ的アプローチ）が増えつつある。

人口が増加している局面においては、いわゆる規制型都市計画（トップダウン的アプローチ）が機能するが、現在のような人口減少時代においては、それが機能しない。

筆者と同様に、裏原宿で起きたような変化を目の当たりにした若者たちが、周囲を巻き込みながら、まちを変えようとしている。そう考えると、二〇〇〇年代以降、全国各地でエリアリノベーションが同時多発的に起こったことにも合点がいく。都市が活力を失いつつあるなかで、都市に対する無力感を感じた彼らは自らアクションしなければという強迫観念のようなものに突き動かされたのかもしれない。

西荻アンティーク街で確信した〝ボトムアップ〟の可能性

話は前後するが、学部4年になって所属したのは、いわゆる都市計画系の研究室だった。当時、裏原宿を通して感じていた自身の興味を整理すると、①商業エリアが広域集客力を有する過程にどのようなメカニズムがあったのか、②その過程において人的なネットワークがどのような影響を及ぼしたのか、という2点。こうしたテーマを解明するべく、さまざまな事例をリサーチするなかで出会ったのが、西荻窪アンティーク街だった。

西荻窪では、一九八四年に店主の有志がアンティークマップを作成、以降この取り組みが継続（計12回発行、一九九九年時点）したことで、当初4店舗だったアンティーク店が77店舗（九九年時点）にまで増加し、「西荻窪＝アンティーク街」というイメージを定着させた。まさに、人的ネットワークが介在することで、エリアに遠心力（対外的発信力）と求心力（認知向上によるさらなる店舗集積）による相乗効果をもたらしていたのだ。

卒論を執筆した二〇〇〇年頃は、まだエリアリノベーションという概念はなかったが、西荻窪のケーススタディを通じて、裏原宿で感じた、人的ネットワーク（コミュニティ）が介在したボトムアップによるまちづくりの可能性を確信したわけである。

なぜ、立川に違和感を感じ、裏原宿や西荻窪に興味を持ったのか。当時は言語化できていなかったが、のちに三浦展さんの『ファスト風土化する日本』を読んで、そのモヤモヤを少し解消できたように思う。

〝スロー〟で〝ボトムアップ〟なまちづくり

ちなみに筆者は、縁あって二〇二二年四月から、西荻窪にある東京女子大学でまちづくりを教えている。学生たちと話をしていると、入学して間もない1~2年生と3~4年生では、西荻窪のまちに対して持っている印象が少し異なることに気づいた。

西荻窪駅周辺には、アンティーク店以外にも近隣型の商店があったり、駅南口には闇市をきっかけに発展した飲み屋街があったり。駅周辺以外の住宅地にも雑貨店や洋菓子店、飲食店などが数多く点在し、独特の魅力あるエリアを形成している。

1~2年生にとっては、こうした個人店の多くは「こだわりが強そう」といった先入観に加え、「常連が多い」「店内が薄暗い」「入り口から店内の見通しが悪い」ことも相まって、「店に入りにくい」と感じるようだ。さらに、住商が混在しており、店舗がまばらなこともあって、総じて「洗練されていない」「寂れた」商店街に見えるらしい。

一方、3~4年生になると、西荻窪は他のまちと比べて「ごちゃごちゃしているけど、古い建物をかわいくリノベしたお店がある」とか、「住宅街の中だけど映えるお店が点在する」など、特徴的だけど魅力的といった印象に変化していく。これは、「短い街区」「高密度」「古い

筆者が関わった地域コミュニティを巻き込んだ高架下活用事例（小金井市）

建物」「用途混在」といった、ジェイン・ジェイコブズが提示するいわゆる「都市の多様性を生む４条件」にも当てはまる。こうした感じ方の差は、「まちを読み解く力（リテラシー）」のようなものが身についたからではないかと考える。

そして、このエピソードと同じことは、今まさにエリアリノベーションが行われ、盛り上がろうとしている地域についても言えるのではないだろうか。

エリアリノベーションの多くは、カフェやランドリー、ホステルなど、小商いを中核に据えることが多い。それらが、いくらこだわりにあふれ、個性的で、おしゃれで魅力的であっても、地域の住民たちに受け入れられなければ、それはただのカフェであり、ランドリーであり、ホステルにすぎない。自戒を込めていえば、エリアリノベーションが、一部のやる気がある〝おじさん〟たちの内輪ノリに終わらずに、キャズムを超えて広がっていくかどうかは、市民の〝リテラシー〟にかかっているのだ。

かつて『ファスト風土～』で語られていたように、巨大なショッピングモールができて便利になったと喜ぶ地方や郊外のまちは多かっただろう。今であれば、スタバや蔦屋書店だろうか？ しかしながら、エリアリノベーションが起こっていくためには、市民が、自身が住むまちのアイデンティティや魅力と向き合う必要がある（実際にあるかないかはさておいて）。

たとえば、少し値段が高くても、そのまちの若者がこだわって焙煎し、丁寧に淹れたコーヒーを飲んでみる。そのまちの魅力が自然と集まってくる、コミュニティスペースとして機能するカフェや雑貨店を訪れてみる。顔の見える関係性をつくり、まちの中で経済を循環させていく、「スロー風土（≒アンチファスト風土）」な視点が必要だ。

これからの時代は、「誰かがやってくれる」ではなく「自分がやる」でなければ、まちを変えることはできない。自分たちの手で、自分たちのまちにしかない魅力を集め、自分たちの手で紡ぎ、みんなで育てる。一部の〝おじさん〟たちだけではなく、多くの市民が自分事として参加する。そんな「スロー」で「ボトムアップ」なまちづくりが求められている。

籾山真人（もみやま・まさと）

博士（工学）。一九七六年東京都立川市生まれ。二〇〇〇年東京工業大学社会工学科卒業、二〇〇二年同大学院修了。同年アクセンチュアに入社し、経営コンサルティング業務に従事。マネージャーとしてクライアント企業の新規事業立ち上げ、マーケティング戦略の立案などに携わる。二〇〇八年リライト創業、同代表取締役就任（現任）。商業施設における賑わいのデザインを通じて、民間の立場から「新しい公共のあり方」を考えている。二〇二一年東京女子大学現代教養学部国際社会学科コミュニティ構想専攻特任教授就任。日本都市計画学会論文奨励賞（二〇二一年度）、グッドデザイン賞２０１６ベスト１００および特別賞［地域づくり］など。

第14章　ヴァーチャル・ファスト風土批判

三浦　展

娯楽は命の次に大切である

今日、娯楽はますます地域との関連を弱めているように思える。ディズニーランドは今も人気だが、都市や郊外の遊園地はどんどん減るばかりであり、遊園地的な娯楽性やスポーツ性などはビデオゲームで済ませる人が増えている。特にコロナ後はそうであろう。VRゲームやメタバースが発展すればなおさらだ。映画館入場者数もコロナ前には少し盛り返していたとはいえ最盛期から見ればわずかであり、コロナ感染拡大後はインターネットで映画を見る人が増えたであろう。

モノを買うのはネットで済むようになり、今後はますますそうなるだろう。だからモノ消費ではなくコト消費が今後は重要だと言われるのだが、コト消費の一つである娯楽がヴァーチャル化して、リアルな娯楽がだんだんと減っていく可能性もあるのだ。

娯楽欲とは、睡眠欲、食欲に次いで、あるいはそれらと同じくらい人間にとって最も重要な欲望であると私は考える。人間は腹が減っても娯楽を求めるし、寝ずに娯楽を求めることすらあるからだ。着の身着のままでも娯楽を求める。住まいなんか雨漏りをしていても娯楽を求める。それくらい娯楽は人間にとって大事なものなのだ。不要不急どころではない。絶対必要で、場合によっては急いで必要なものである。

敗戦直後の日本を思い浮かべればよい。食うや食わず、夜露《よつゆ》をしのぐ家もなかったのに、人々は劇場や芝居小屋に押しかけ、ラジオを聴き、流行歌を聴き、映画を見て、街頭テレビに熱狂し、カストリ雑誌を読んで、笑ったり、泣いたり、興奮したりしていた。そしてカタルシスを得て、明日の活力を得たのだ。それくらい娯楽は大事なのだ。

二〇二二年、私は国立近代美術館で鏑木《かぶらき》清方《きよかた》の展覧会を見たが、清方本人のインタビュー映像が会場で流れていて、彼が言ったことが非常に面白かった。空襲が来れば来るほど彼は美人画を描いたというのである。美人画なんてものは描くのも見るのも贅沢であり娯楽である。それを空襲のときほど意地になって描いた。それが江戸っ子画家・清方の心意気であった。それくらい娯楽は大事なのだ。必須なのだ。心の栄養なのだ。

そのように考えると、人間の生活時間を労働時間と、食べたり寝たり休んだりする生命維持のための時間（生物時間）とそれ以外に分けるとすると、そのどちらでもない娯楽の時間こそが最も人間的な時間なのではないかと思える。だからこそ人間は、労働を、できれば娯楽のように楽しくしたいと思うし、食べることも着ることも住むことも風呂に入ることも娯楽にしたがる。娯楽がなければ生活に彩りがないからだ。楽しみがないからだ。生活の単調さや辛さから逃れられないからだ。

娯楽は共同的な祝祭

娯楽の「娯」という字は巫女《みこ》が神のためにお祝いの盃を持って踊りを舞う姿だという。神へのお祝いであるから、おそらくは収穫時の祭りでの踊りであろう。

つまりみんなが労働の後、集団として労働の成果を祝い、神に感謝する祭りである。だから労働と娯楽はセットであって、どちらか一つだけで成り立つものではないのである。今日もみんな頑張った、明日もみんなで頑張ろうというときに娯楽は必須なのである。

そして巫女が神のための祝祭で踊るのであるから、極めて美的な要素や官能的な要素を含んでいたと想像される。言い換えると、便利さと効率性を重視する生産主義的・文明志向的な価値観に対して、娯楽とは、美と官能と無駄を重視する消費志向的・文化志向的な価値観に基づく行為だと言える。そしてこの生産・文明と消費・文化という二つの対立する価値がセットになって社会をつくっていたのである。

そして娯楽が祝祭であるということは、娯楽の中には共同性があったということである。ひとりで娯楽を楽しむのではなく、みんなで楽しむ。それが娯楽だった。これは地域の中の娯楽を考える上でも示唆に富む。映画でも演劇でも音楽でもスポーツでも、テレビでもパソコンでも見られるが、やはり映画館や寄席やスタジアムで見たいという欲求を人間が捨てきれないのは、共同性・共感性への欲求があるからだ。

本来、勤労感謝の日とか文化の日とかは祝祭日 holiday である。もともとは皇室関連の誕生日なのであるが、さらに遡れば新嘗祭《にいなめさい》などの農耕文化の中での祭りが起源だ。つまり地域共同体が集団労働の成果を共に祝う祭りの日である。「聖と俗」でいえば「聖」に属していた。

ところが現代では祝祭日 holiday は単なる休日 vacation になり、「俗」となった。再創造 recreation のための日は単なる余暇 leisure になってしまったと言える（奥井智之『宗教社会学』参照）。それは地域共同体の祝祭が個人（せいぜい核家族）のための休暇になったということである。これは個人化の時代においては抗いがたい傾向である。

なにも私は、地域や郷土や国家の力を復活して祝福しようと言いたいのではない。が、それでもなお一方で、地域性・共同性のない娯楽をいくら導入しても本当の地方創生はできないだろうと私は思うのである。

だから、ここ30年ほどの間にサッカーや野球などの地方フランチャイズのチームができて、地元の人々がファンになり、集団でチームを応援することに大きな喜びを見出すようになっているが、娯楽の持つ集団的な祝祭性を今最も発現させているのはこうしたリアルなスポーツ観戦であろう。また最近は寄席に来る若い女性が増えている。リアルで共同的な場所での娯楽というものが見直されている。

なのに、コロナにより娯楽が極めて制限され、飲食も黙って食べるとか、４人以下で食べるといった制約が課され、共同的体験あるいは娯楽としての食事ができなくなった。美味しいものを食べるという美的な要素と、一緒に食べるという共同性の要素がともに否定されたのである。そして娯楽は不要不急と言われ、命よりはまったく大事ではないと言われたのだ。

だが、逆に言えばコロナは、人間が一緒にいること、つながること、一緒に食べること、一緒にライブを体験することなどなどが、いかに人間にとって楽しく、うれしいかを改めて見直す機会になったのである。これはコロナがもたらした意図せざる大きな意味である。

だからこそ私はあえて言う。娯楽はまったく不要なものではないと。命の次に大事であると。個人の命にとっても、地域の命にとっても娯楽はとても大事であると。娯楽がなければ人間はただ生物として生きているだけであり、人間として生きていない、地域も生き生きとしないと。娯楽がなければ人間は地域における共同性を喪失して、孤独になるだけだと。

他方で現代の娯楽はどんどん個人化しているのも事実である。ビデオゲームが登場して以来一人遊びが主流となり、集団で娯楽を楽しむ機会が減っている。ネットでゲームの対戦を行うこともあるが、それが集団的祝祭性を持つとは言えないだろう。コロナによる巣ごもりがそれを助長した面もある。放っておくと娯楽は「永続孤独社会」の流れに押し流されていく危険性もある。われわれはそうした流れに従うのか、あるいはそうではない選択肢を用意するべきなのか考えるべきであるし、地方創生の中でもそのことをどう位置づけるかを考えるべきなのだ。

娯楽はリ・クリエイティブ

祝祭には、食、一緒に食べる、酒を飲むことが古代以来必須である。シンポジウムの語源は一緒に（syn）飲む（posis）ことであり、だから饗宴とも訳す。イヴァン・イリイチの提唱したコンヴィヴィアリティも同様に一緒に（con）生きる（vival）ことを意味する。みんなが一緒に食べ、飲み、自由に言いたいことを言う。それが娯楽の起源だったと言える。

またレストランの語源は回復（restoration リストレーション）である。疲労からの回復、元気の回復、健康の回復が食事である。だから不味い食事を出す店はレストランとは言えない。食べると元気になる、明日の活力が湧いてくる、そういう食事を供するのがレストランの役目である。そしてもちろん一人で食べるより複数で食べるほうが楽しく回復できる。

娯楽も一種の回復であろう。最近はあまり使わない言葉だが、今なら余暇、レジャー、あるいはリフレッシュというときに昔はリクリエーション recreation という言葉をよく使った。それ生活でも勉強でも仕事でもなく一休み、息抜き、気晴らし、気分転換という意味である。それは生命を、心を再創造recreateする目的だった。食がリストレーションで、娯楽がリクリエーションなのだ。両方とも心身の回復を意味すると言ってよい。

服を着るのも、ただ着ているだけなら特に意味はないが、ショッピングに行って気に入った服を見つけて、ときめいて、うきうきしてそれを買って着るなら一種のリクリエーションであろう。ただの衣服とファッションとの違いである。

住まいも、ただ適当な家に住んでいるだけではなく、自分の好きなように設計したり、リノベーションしたり、壁紙を変えたり、壁にペンキを塗ったりすれば、あるいは花を生けたり、絵を掛けたりすれば、それも一種のリクリエーションであろう。そういうとき、ファッションも住まいも一種の娯楽になるのだ。家自体が心身の回復作用を持つとも言える。

だからこそ、まちづくりにおいても娯楽は重要であると私は考える。娯楽は地方のリ・クリエーション、再創造につながる。言葉の遊びめくが、リチャード・フロリダのクリエーティブ・シティ（創造的都市）にならっていえば、これからの地方はリクリエーティブ・シティ（娯楽都市）を目指すべきだ。それは人々がつねに心身を回復し、リフレッシュし、創造的な活動を促進し続ける、しかもそれが個人的ではなく共同的な活動として存在する、そういう都市である。

労働も、衣食住も、単なるルーティンではなく、また単なる営利活動でもなく、むしろ楽しい活動であり、クリエーティブな（創造的な）活動であり、リノベーティブな（革新的な）活動であり、そうした活動が絶えず繰り返されていく、それがリクリエーティブな都市である。そういう都市には必ず娯楽が大きな役割を果たすのではないか。

娯楽は心を再創造する

戦前の東京には無数の寄席が存在した（図表14‐1）。映画全盛期の昭和30年代には東京には多くの町に3つか4つの映画館があり、全国の年間総入場者数は10億人を超えた。つまり赤ん坊まで含めた国民が月に一度近くは映画を見ていたのである（図表14‐2）。浅草は映画と寄席と演劇の街として、今から見るとありえないくらいたくさんの人々を集めた。ところがテレビの普及で映画館が減り、バブル崩壊後の一九九〇年代になるとかなり減少した（図表14‐3）。ついでにレコード店の分布を見ると、DJブームのあった一九九七年頃には、渋谷などを中心に東京中にたくさんの（中古を含む）レコード店があったことがわかるが、今はほとんどなくなっただろう（図表14‐4）。

ビデオゲームが普及して、街で娯楽を楽しむことが減ったことも影響している。近年はスマホの普及で映像も音楽もスマホの中で楽しめるようになり、ますます街に出る人が減り、都市の中の娯楽というものが衰退の方向にある。それがまたコロナでダメージを受けた。このまま

図表14-1　大正4年の旧東京市における寄席の分布

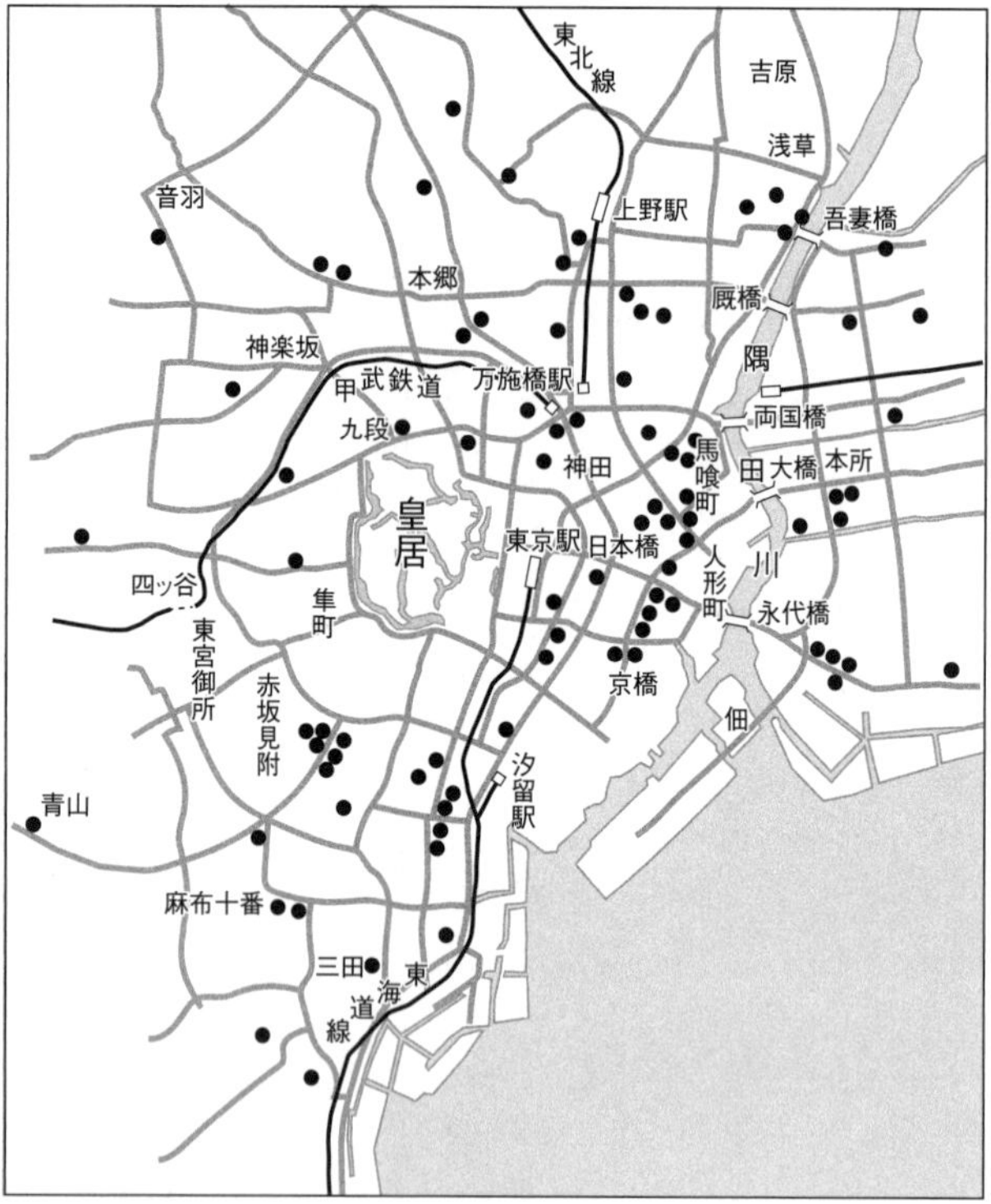

資料：文芸協会編『藝人名簿　付：劇場観物場及寄席案内』（田中淳「東京の寄席にみる都市社会史」）より三浦展作成

出所：三浦展『昭和「娯楽の殿堂」の時代』柏書房、2015

図表14-2　1960年の映画館の分布

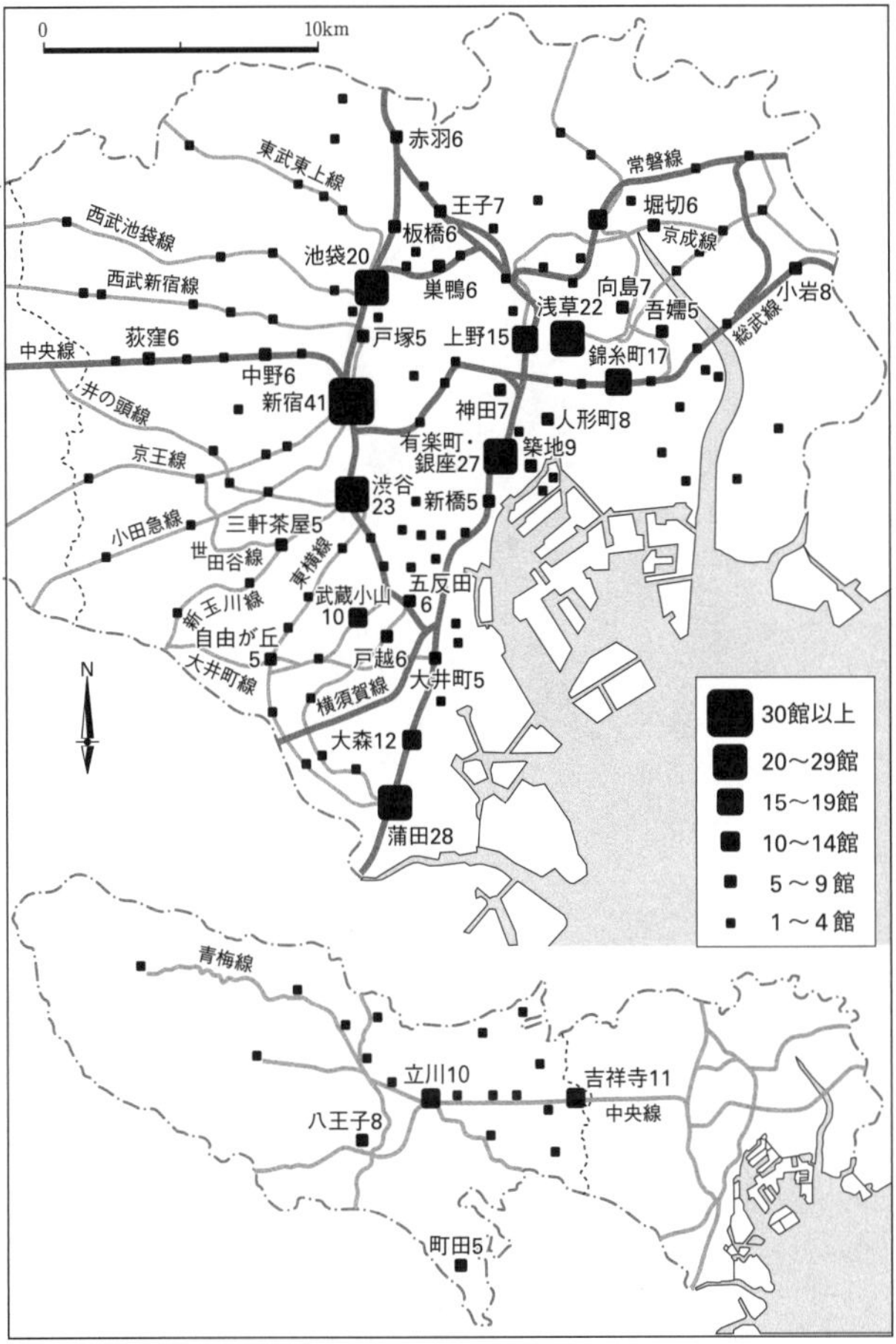

資料：『1960年版映画年鑑別冊映画便覧』より三浦展作成

出所：三浦展『新人類、親になる！』小学館、1997

図表14－3　1996年の映画館の分布

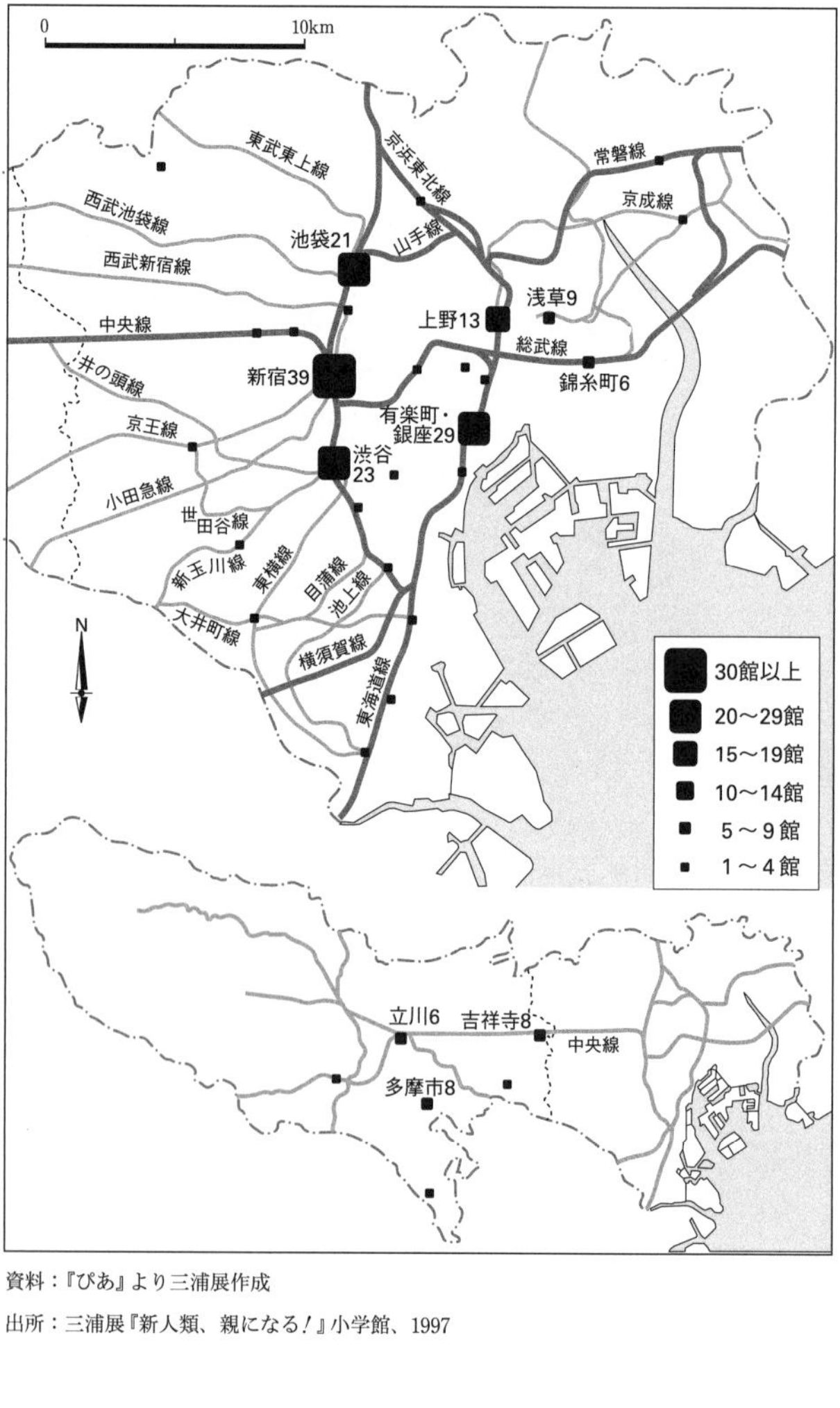

資料：『ぴあ』より三浦展作成

出所：三浦展『新人類、親になる！』小学館、1997

図表14－4　1990年代の輸入盤・中古盤レコード店の分布

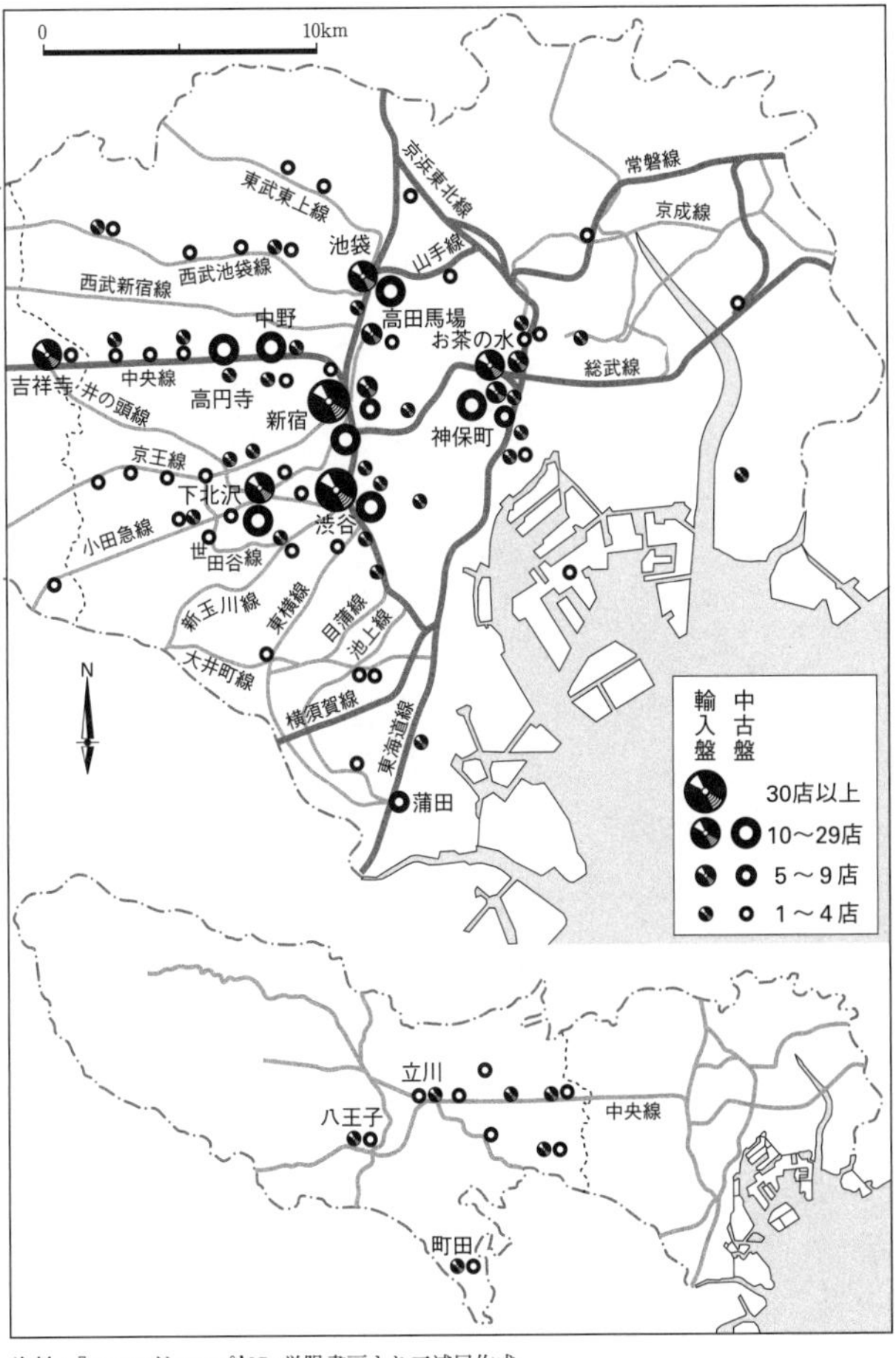

資料：『レコードマップ'97』学陽書房より三浦展作成
出所：三浦展『新人類、親になる！』小学館、1997

では都市の中に娯楽が不要になりそうである。

だが、であるにもかかわらず、むしろそれだからこそ、本当のリアルの娯楽の魅力を求める人も増えるだろうと私は予測する。スマホで音楽をストリーミングで聴ける時代だからこそ、アナログのＬＰの魅力に目覚める人も増えている。それと同じようにスマホの中でＹｏｕＴｕｂｅなどで何でも見られる時代だからこそ、リアルなものを見たい、みんなと一緒に見たいという人も増えると思うのだ。

衣食住遊と言うとき、衣食住はそれぞれが異なる分野であるが、「遊」とは単なる遊びではなく、楽しさ、ゆとり、あるいは美的な要素を意味するものであるから、衣にも遊があり、食にも遊があり、住にも遊がある。衣食住に楽しさや美的な要素、心のゆとりなどが重なり合っていることが今の時代には求められているし、今後はますますそうなるだろう。

それは地域の中に、衣料品店、食料品店・飲食店、インテリア店の次にゲームセンターや遊園地が必要になるということではなく、衣料品店、食料品店・飲食店、インテリア店などにそれぞれ遊的な要素が必要になっているということである。

古い例だが、ヴィレッジヴァンガードという書店が本と雑貨をごちゃごちゃに混ぜて置いて人気を博したのも、そういう流れの中にあった。蔦屋書店も大きな意味では同じ流れの中にある（ただし格好を付けすぎなので娯楽性が弱い）。本という知の商品を並べるだけでなく、そこに遊の要素をかぶせて、今まで気づかなかった視点を提供したり、発想を生み出す仕掛けをつくったり、頭をリフレッシュさせたりする。そういうまさにリクリエーション、リ・クリエーティブな店づくりが求められているのである。

夜の商店街──集団的娯楽性

都市計画における娯楽の重要性を指摘したのは都市計画学会初代副会長・石川栄耀《いしかわひであき》であった。彼は、街には夜の娯楽が必要であると言った。

一九二三年、30歳で洋行した石川栄耀は、レッチワース、ハムステッド・ガーデン・サバーブなどの田園都市を設計したレイモンド・アンウィンを訪ね、自らの名古屋の都市計画図を見せた。それを見たアンウィンは顔をゆがめ酷評した。「あなた方の計画は人生を欠いている」「この計画は産業を主体に置いている。いや、主体どころではない、産業そのものだ」

工業中心の日本の都市計画ではない、「生命重視」の思想に触れた石川は、2年後、ある都市計画雑誌に連載を始めた。そこには「夜の都市計画」「都市の味」といった新しい概念、とてもセンシャスな要素が提示されていた。

「我々はいつこの頃からか知らないが、日曜祭日、夜という語を完全に余暇という語の同意語にしてしまっている」。だが「本当の人生計画からいえば産業時間であるところの月火水木金土のしかも昼間が余暇で」あり「それ以外の時間こそ正味である。都市計画はすべからくこの人生の本態である正味の計画から初めその余地で産業計画をせよ」と石川は書いた。実は、人生の空いた時間に産業労働をして働くのであり、正味は、今現在は余暇とか休息とかと呼んでいる時間である夜にあるというのだ。

「夜」は「昼間とても得られぬ親しい人間味のある安静のときだ。トゲトゲしい昼の持つ、一切の仲たがいと競争と、過度の忙しさと、人間紡績機の乾燥さに静かに幕をおろし、本来の人なつこい心に帰る時である」。「近代文明は土地と土地の距離を短くしたが、その代わりに人の心と心を遠くした、とある社会学者が言った」。「この、人と人との間に失われつつある、愛の回復のために夜の親和計画」を考えようと石川は言うのである。

そして「昼の都市計画、ことに経済計画においては建築物の美的価値等はほとんど問題にならない」が、「夜の都市計画では」「美とか魅力とかいうものが」「堂々と問題の正座に君臨する」のだと言う。都市の本質は産業ではない。日本の都市計画に足りない都市の「人生」とは、「人間が遊楽施設につつまれ、その気分の中にあって集団的気分に酔うこと」であり、「実用価値を離れ、生を楽しむ気分」であり、「賑やかさ」こそが都市の本質的価値であり、都市の「人生」の要諦であると石川は認識するに至った。

ここで石川が「実用価値」を離れて「美的価値」「遊楽施設」「集団的気分」を重視し、それこそが「人生」であり「都市」であると言っていることに大いに注目したい。まさに集団的・共同的娯楽というものが都市に必要だと石川は言っていたのだ。

こうして石川は、商店街や盛り場の重要性に気づく。「世間のお偉方の都市美」の物差しは「大礼服」のように形式張っており、「浴衣や開襟シャツの軽快さが邪道視されやすい。それは実に世の中の「味わい」をなくすのみならず、泣かんでよい人を泣かす。実に下らない。それに抗議したいのです」と述べた。

しかし当時の近代都市計画は盛り場を通俗的なものとみなし、石川以外に盛り場を重視する者は少なかったという。いや、今もまだそうであろう。建築においても、官庁、ホールなどの公共建築が一流とされ、商業建築は二流とされた（拙著『商業空間は何の夢を見たか』参照）。だが、極めて魅惑的なキャバレーや百貨店やホテルを設計した村野藤吾《むらのとうご》のような建築家がいなければ、われわれの都市生活はどれほど貧しかったであろうか。

戦後、石川は一九五一年に早大落語研究会顧問に就任し、講義もべらんめぇ調の早口であり、他学部の学生も押し寄せるほどの人気であった。また同年には自宅のあった豊島区目白で、目白在住の知識人を集めて「目白文化協会」を設立、「文化寄席」を開いた。こうした文化活動を「建設されざる都市計画」と呼んだ。

ここで言いたいことは、盛り場のある都心などよりも、健全な家庭生活偏重でつくられてきた郊外や、中心市街地が衰退した地方都市こそが、今後「夜の都市計画」の重要性を認識すべきではないかということである。そういう意味では今後の地方や郊外のまちづくりも、くそまじめな計画家よりも石川や村野のような娯楽好きの柔らかな人のほうが望ましい。

娯楽がデジタル化・ヴァーチャル化するだけでいいのか

過去四十年ほどの娯楽の変化は、単に娯楽がリアルからヴァーチャルになったというだけでなく、集団的なものから個人的なものに変わったということであり、さらにいえば地域性や祝祭性を失ったということであろう。

とはいえ、今でも映画館で映画を見るという行為は集団的娯楽の意味を持っている。一人で大画面テレビで見たほうが邪魔がなくて快適なのだが、それでも同じ映画を同じ場所・同じ時間に見る行為には、他者との「共有」「共感」というものの持つ快感がある。そのことは音楽のライブや演劇であればはっきりと自覚できることだが、映画においてもそうである。見知らぬ他者が、何かを思ってこの映画を見に来て、自分とは異なる感慨を得て帰るとしても、そこに共有される何かがある。それは自宅で、一人で大画面テレビやスマホの画面で映画を見ることとでは決して得られない感覚であり、快適さを超えた集団的な共有感覚である。

だが今、娯楽は集団性や共同性や地域性を弱めている。そしてインターネットやゲーム、メタバースというヴァーチャルの個人化した世界へますます移行しようとしている。それじゃあ娯楽を地方創生に使えないじゃないかと言われそうだが、むしろこうした状況だからこそ、もっとリアルでセンシュアスな娯楽の魅力を再評価して、娯楽を個人的な暇つぶしではなく、集団的な祝祭として見直し、地域、まちづくり、都市政策の中に位置づけたほうがいいのだ。繰り返すが、生活や仕事がヴァーチャル化すればするほど、人々は都市の中にリアルなもの、センシュアスなものを求めると思われるからだ。

だから地元に根付いた文化としての娯楽がより重要になるはずだ。どこにでもある全国チェーンのボーリング場とか、全国封切りの映画しか上映しないシネコンとかも必要であろうが、それだけではだめである。それらはファストフード店とかコンビニばかりで、地元の産品を使った料理屋がないのと同じである。地域性を消して日本中を均質化するものに過ぎない。

先日私は実家のある上越市高田に帰省し、知人が勧めてくれた居酒屋に入ったが、どの料理も地元の食材を使った美味しい料理ばかりで誠に満足した。季節ごとの美味しい食材を使って、一工夫して料理をしているのだから、ソウルフード的な懐かしさもあいまって、実に満足できる料理だった。一緒に行った、高田とはまったく違う地方出身の方も多いに満足されていた。

均質なものは先述したようにインターネットで代替されやすい。映画はネット配信で済む。世界中が均一の娯楽を楽しむようになり、巨大企業が世界の市場を独占する。そういう時代に地方・地域は、そこに固有のリアルな娯楽文化を発信する主体となるべきである。

特に食を地域に根ざした娯楽として位置づけることはとても重要である。なぜなら食は絶対に完全にはヴァーチャル化できないからである。徹底してリアルなものだからである（第10章、第11章参照）。

中年ほど地方を捨てたい

ところが今、中高年ほど地方を脱出したいという傾向がある。三菱総合研究所の調査「生活者市場予測システム」（二〇二一）によって今後の移住希望先別に移住の理由を集計し、全移住希望者の傾向と東京都への移住希望者の傾向を比較すると、東京移住希望者で多いのは「地方の閉鎖性が息苦しいから」「移住先に文化的な魅力があるから」「移住先で自分の趣味を楽しむため」「場所を選ばずに働けるようになったから」である（図表14‐5）。

極めて興味深いのは「場所を選ばずに働けるようになったから」が東京移住希望者で多いことである。インターネットやリモートワークの普及で「場所を選ばずに働けるようになったから」、過密な東京に住むよりも、地方でゆったり暮らしたい人が増えるという予想が常識的だからだ。

ところがこのアンケートが教えるのは、「場所を選ばずに働けるようになったから」こそ、

図表14-5　東京移住希望者と移住希望者全体との移住理由の比較（男女年齢別）

	人数	地方の閉鎖性が息苦しいから	移住先に文化的な魅力があるから	移住先で自分の趣味を楽しむため	場所を選ばずに働けるようになったから	移住先に豊かな自然環境があるから
移住希望者全体	7,728	6.3%	10.1%	15.0%	6.0%	15.7%
男性20代	1,046	5.0%	8.6%	12.7%	7.4%	10.1%
男性30代	904	7.0%	10.8%	15.3%	8.2%	13.4%
男性40代	897	7.8%	11.3%	17.6%	8.4%	19.2%
男性50代	771	5.8%	11.5%	20.9%	4.9%	24.1%
男性60代	490	4.7%	13.3%	21.0%	2.9%	27.6%
女性20代	918	4.8%	6.6%	11.1%	5.1%	8.5%
女性30代	759	7.5%	9.7%	11.5%	6.6%	12.8%
女性40代	781	6.1%	9.6%	14.0%	5.5%	15.0%
女性50代	726	7.0%	11.2%	14.2%	4.3%	16.3%
女性60代	436	8.3%	10.1%	14.4%	3.0%	18.3%
移住希望先東京都	583	11.8%	13.9%	19.2%	9.6%	4.8%
男性20代	108	7.4%	10.2%	19.4%	9.3%	5.6%
男性30代	69	11.6%	13.0%	15.9%	10.1%	5.8%
男性40代	71	18.3%	16.9%	23.9%	16.9%	0.0%
男性50代	33	21.2%	15.2%	27.3%	6.1%	9.1%
男性60代	36	13.9%	30.6%	27.8%	5.6%	8.3%
女性20代	96	6.3%	4.2%	15.6%	11.5%	4.2%
女性30代	51	21.6%	13.7%	11.8%	13.7%	5.9%
女性40代	49	14.3%	18.4%	26.5%	4.1%	2.0%
女性50代	37	2.7%	13.5%	18.9%	5.4%	10.8%
女性60代	33	9.1%	24.2%	9.1%	3.0%	0.0%

資料：三菱総合研究所「生活者市場予測システム」2021

「閉鎖性が息苦しい」地方よりも、自由な東京に住んで仕事をすれば良いと考える人がいるということである。それほど「地方の閉鎖性」「息苦しさ」は問題である。閉鎖的で息苦しい地方はつまり、もう発展可能性がないと見なされているわけでもある。

男女年齢別に見ると、東京移住希望者で「地方の閉鎖性が息苦しいから」という移住理由が多いのは、男性の40代〜60代、特に50代である。女性の30代〜40代も多い。これもちょっと意外で、若い人ほど地方の閉鎖性・息苦しさを感じていそうなものである。だが実態は、中年層のほうがそう感じているのだ。

地方では政治経済などの重要な意思決定において発言権が得られるのは60代になってからだと言われる。60代でも若手なのである。長老支配が激しいからである。50代ではまだ小僧扱いである。40代では全然相手にされない。そして60歳や65歳で会社を定年すると町内会長にさせられるのである。それくらいなら、東京に引っ越して、趣味の世界を楽しみたいと思うだろう。

私の同級生も地元で小売業をずっとしていたが、すでに実務は後継者に任せており、仕事は人事管理くらいだ。親の介護が終わったら東京に来たいと言っている。地元に将来性がないことが第一の理由らしい。彼の店の隣の店の90歳の女性は今でも町内会の役員だという。ずっとこのまま地元にいたら自分の人生は町内会活動で終わるのかと思ったら、東京に引っ越して消費や文化を楽しもうと思うのは当然であろう。

女性の30代〜40代で不満が多いのは、地方では子育て期でありながら、家事もして、外でも働くことが普通、いわゆる「ワンオペ」が当然だからであろう。ある地方の女性に聞いた話では、家事と育児をするのは当然の義務であって、そのうえ外で「働かせてもらえる」「働くのを許してもらえる」、つまり自由を与えてもらえるのはありがたいことだと思え、というのが地方の女性の立場らしい。好きで働くのを許してやっているのだから、ますます女性は家事と育児をおろそかにしてはならないという価値観なのである。それでは結婚せずに東京に行くことを選択する女性が増えるのも仕方がない。

小さな文化拠点がたくさんあることが魅力

では東京に引っ越したらどんな余暇を楽しむのか。実際に引っ越すとしたら定年後だろうから、先ほどの三菱総合研究所の調査で現在東京に住んでいる60代の余暇活動を見てみる（図表14-6）。やはり何と言っても他県との差が大きいのは「コンサート、ライブ」「美術館」「観劇」である。「映画館での映画鑑賞」もやや東京で多いが、ディズニーアニメなどの娯楽作品なら地方でも見られるし、ネットでも見られる。東京の魅力はミニシアターの豊富さにある。たとえば中央線に住めば東中野と阿佐ケ谷と吉祥寺にミニシアターがある。新宿には地方より早く作品を公開する封切館が多くあり、ミニシアターもある。そして新宿から吉祥寺までにはラ

図表14－6　シニアの余暇活動参加率

	コンサート、ライブ	美術館	観劇
全国男性60代	11.0%	15.6%	5.2%
東京男性60代	15.4%	19.6%	8.4%
全国女性60代	13.5%	18.2%	10.1%
東京女性60代	18.9%	24.7%	17.8%

資料：三菱総合研究所「生活者市場予測システム」2021

イブハウスもたくさんある。高円寺や吉祥寺には劇場がある。

だから、定年後に東京に、可能なら中央線沿線に引っ越して、マイナーな映画を見たり、ライブハウスに行ったり、美術館に行ったり、芝居を見たり、という生活ができれば最高だ。今までずっと地方にいて、東京に進学・就職した同級生をうらやましがって生きてきたが、ついに東京生活が謳歌できる、万歳！　と考える人がいても全然おかしくない。先ほどの私の同級生も吉祥寺に住みたいらしい。

私も地方出身者であり、田舎の実家は空き家で残っている。空き家とはいえまだ古くなく、丈夫につくってあるので、東京に大地震が来たときのために維持している。完全にUターンしてもいいが、そのとき一番のネックはやはり、東京のリアルな文化資源の豊富さが田舎では享受できないことである。美術館も上野や六本木の大美術館だけでなく、弥生美術館、世田谷文学館など、小規模だが現代的でセンスの良い企画をするミュージアムが多い。こういうところに、ふと気が向いてすぐに出かけられるというのがまさに東京に住む魅力である。そうした小粒でセンスの良い企画や先端的な企画は、やはり東京でないと現状ではなかなか楽しめないであろう。

リアルなうごめきが感じられるか

だが近いうちに、世界の美術館の美術鑑賞も世界的なコンサートも４Ｋとか８Ｋとかの高解像度の映像で配信されるようになり、混雑を気にせず鑑賞できるようになるだろう。美術館でじかに見るよりよほど快適に、好きなところを拡大しながら見られるようになるだろう。美術館もリアルな展示の他にヴァーチャル展示空間をつくり、世界に発信するようになるだろう。だとしたら東京などの大都市に住む意味はなくなるのか。

コンサートや観劇も高解像度配信が発達するだろうが、それでも現場の感覚というものは完全にはメディアで伝えきれない。リアルな魅力が最後まで残る分野であろう。それは集団でライブを見るという集団性、共同性がメディアでは伝わりにくいからである。

実は、私個人としては、コンサートにはそれほど興味はない。名作ライブの記録を見たほうが、生で見るより感動できることが多いからである。ただしそれは有名なアーチストの場合である。小さなライブハウスで活動している、まだ無名のバンドを追っかける人たちにとっては、やはり無数のライブハウスのある東京は魅力だろう。

このように考えると、有名なアーチストのライブや作品が見られることよりも、無名のアーチストを含めた小さな活動を小さなライブハウスや小さなミュージアムやギャラリーで見られることのほうが、地域にとって大事なのだと思えてくる。お笑い芸人もそうである。有名なアーチストや芸人の展覧会や公演なら、東京より遅れてかもしれないが、地方に巡回することもある。もちろんすぐに見たいなら地方から東京に見に行けば良い。だが無名のアーチストや芸人の活動は地方にあまり巡回しない。小さな展覧会は地方では開催されない。巨大なショッピングモールは日本中の田んぼの中にあるが、小さな個性的な個人店は地方には少なく、東京には無数にある。そういう微生物のようなうごめきこそが、そのうごめきをいつでも肌で感じられることこそが、大都市の、東京の魅力なのだ。

人間の細胞は非常に短期間で入れ替わるそうで、皮膚は1カ月、肝臓・腎臓は細胞更新速度が速い細胞なら1カ月、血液が4カ月、一番長いのは骨の細胞で2年で入れ替わる。脳ですら速い細胞は1カ月で入れ替わるというのだから驚きだ。それでも同じ人間が維持される。それを「動的均衡」という。

都市も動的均衡であるべきだ。小さな無数の細胞が入れ替わりつつ、個性を維持し、同時に時代にも適応していく。そういう都市が望ましい。現状の都市開発は動的不均衡というか、整形大手術を繰り返すようなものになっている。

こうした整形大手術を都市の発展だと勘違いした地方では、中央官庁がそういうところに大きな予算を付けるからいけないのだが、大きな箱をつくって大きな活動を誘致しようとする。行政、特に県庁の予算の立て方が箱物主義だからである。100万円で救える文化活動がたくさんあるのに、そういう配分をするような予算を立てない。100億円で道路をつくる、橋をつくる、多目的ホールをつくる、いつでもジャニーズ系のコンサートや海外タレントのライブを開けるように準備しておく、といったことばかりに金が使われがちなのである。

だから文化に対して鋭敏な若者は東京に出ていって帰ってこない。鋭敏でない若者も東京に出ると鋭敏になってしまい田舎に帰ってこない。東京に出ても彼らに100万円をくれる自治体はないかもしれないが、100万円に相当する、あるいはそれ以上のチャンスがあると感じられるからだ。

そして、ずっと田舎にいた人も情報社会の現代では情報によって鋭敏な感性を刺激されて定年後は東京に出ていく。その意味では情報空間の中に大都市があって、その中でわれわれは生きていて、だからどこに住んでいても、知識や感覚が知らず知らずのうちに都市的なものに洗練されていく側面もあるのだろう。そうした人々は地方の現状にますます不満を抱くようになる。他方、なぜかそういう情報に触れない人たちは地方の現状に特に不満を持たずに生きることになる。両者の間には深いギャップが生まれる。

求められる風土性、テリトーリオの視点

私の出身地である上越市の市議会議員連盟が講演を依頼してきた。都会の子育て世代を呼んで空き家にただで住まわせて、米を一年分無料であげて、スキー場もただにしてはどうかと言ったら、いまどき若者は米を食わないし、スキーもしないと言われた。なるほど、雪国・米どころ新潟では県民は米を食わず、スキーもしないのか！

たしかに実家の近くのセブンイレブンに行くと米を売ってない！東京と同じ物しか売ってない！それじゃあ新潟県に引っ越す意味があるのか？地元では米を食わずコンビニのパンを食べ、スキーをせずにゲームをしているのか。

ああ、情けない。それで地域振興だといっても無理である。国内観光客すら呼べないだろう。日本中同じファスト風土になって、ファストフードを食べて、頭の中もファスト脳みそになって、簡単な解決策だけ求めたって、うまくいくはずがない。地元の文化、地元の農林水産物、つまりスローな文化、スローなフード、スローな風土をアピールしなければ、どうして人が呼べるのだろう。

一九八六年、スローフード運動をいち早く始めたイタリアでは、地元のスローな風土と文化を重視する考え方の中心に「テリトーリオ」という概念があり、それがまちづくりや都市計画

では非常に重要な概念になっている。第10章の陣内秀信の論考を読むと、テリトーリオは日本語では「風土」が一番近いのではないかと私は思う。まさにファスト風土の対極だ。こうしたテリトーリオ、風土という視点がなければこれからのまちづくり、本当の地方創生はありえない。そして娯楽も、風土性のないビデオゲームや世界共通のハリウッド映画をシネコンで見るということではない、風土性に根ざした娯楽が求められるだろう。

新潟であれば、雪が降って、水が冷たくてきれいで、だから米が美味しくて、酒が美味くて、野菜も美味しいのだ。そういうテリトーリオ、風土性を無視して次の時代のまちづくりはできない。娯楽もまたそうした風土性を感じさせるもののほうが良い。

大雪こそが娯楽である

二〇二一年一月に上越市に大雪が降った直後、私は東京から友人と一緒に高田に来た。まず日本最古級の映画館・高田世界館で映画を見て、夜は地酒のたくさんある焼き鳥屋に行った。私の実家のまわりは１５０㎝くらい雪が積もり、雪の壁の間をタクシーがようやく通れるほどだった。翌朝彼は凍った雪の上をかんじきを履いて歩いて、大よろこび。彼を見て私は思い出した。子どもの頃はこうして凍《し》み渡りをしながら学校に通ったなあ、大雪でも冷たい朝でも、そういう過酷な自然を子どもは遊びにしていたなあと。つまりそこに娯楽の本質がある。辛いことでも楽しみに変えてしまう。衣食住が不足しても娯楽を見つけようとする人間の本質がそこにある。

凍み渡りの後は、彼と私は高田城趾公園脇のスターバックスで朝食をとり（私はスタバの味は好きではないが、なにしろここのスタバは眺めが良いので喜ばれる）、お濠の白鳥を眺め、公園の中の小林古径《こけい》邸と小林古径記念美術館を見て、百年料亭・宇喜世で美味しい食事をとり、彼は高田駅から長野までローカル列車に乗り、白銀の山と田んぼの美しい景色を眺めながら東京に帰った。

彼は多摩ニュータウンに住んでいるのだ。高田の冬のこんな面白さとは無縁の世界の人なのだ。スキー場に行ったことはあっても、日常生活の中での雪景色は見たことがない。一年中快適で便利なニュータウン。高田の、冬は大雪、夏は蒸し暑い、快適とは言いがたい、便利とは言いがたい環境。でもだからこそ、それが魅力なのではないか。

地方の歓楽街にお笑いを導入せよ

地方振興の具体的な方策としては、まず地方都市の中の歓楽街を新しい形で娯楽地区として蘇らせることが最重要だと私は考える。歓楽街というと昔は男性が楽しみ、女性が楽しませる場所だったが、もちろんこれからの歓楽街は、男女が楽しみ、子連れでも楽しむ場所である

豪雪を楽しむ友人

べきだ。バンドの入ったキャバレーなどをぜひ復活して、夜の匂いは少し和らげたりしつつ、誰でも演奏やダンスを楽しめる場所にしたらどうだろうか。

歓楽街といっても単に飲んで騒ぐだけの店では女性も若い男性も寄りつかない。昼でも朝でも、地元の食材を使った美味しい料理を提供する。そして伝統的な家庭料理はもちろん、新しい要素を取り入れた、いわば「ヌーヴェル地元料理」を開発して、それらの料理を気軽に楽しめる飲食店をたくさんつくるべきだ。働く女性が増えるので、季節感もあり栄養バランスも考慮した朝食専門店とかカフェなどは人気が出るだろうし、気軽なランチも需要があるだろう。もちろん夜は本格的な料理を出す。チェーン店ではない地元の食文化を発信する店をつくらないといけない。実際さいたま市の大宮南銀座商店街は夜の歓楽街だが、今後はそれを踏まえつつ昼に女性や親子連れが来られる街にもしようとしている（第11章参照）。

また、ファスト風土的環境でファストフードばかり食べて育った世代には、地元の食材を活かした料理など知らない人が多いだろう。それで外から来た人たちに地域の魅力を伝えようとしても無理である。昔のようにそれぞれの家庭で地元料理をつくれる女性がいた時代ではないとしても、地域としてはそれらを守り伝承する必要があるだろう。そのような「食育」的な観点からも娯楽を核としたまちづくりは有意義でありうる。

それから地方創生にとって重要なのがお笑いである。私の最近の調査によるとお笑い関連消費は大都市に集中している。５年間で５万円以上お笑い関連消費をする人は全国の20代男性では７・１％、20代女性では５・１％だが、東京都在住に限ると20代女性は９・４％いる。つまり、お笑いを求める女性は首都圏に集まる、と言える。たしかに東京で落語会に行くと客の半分は60代以上の男性、半分は20代～40代の女性である。つまり地方創生のためにはお笑いなどのリアルな娯楽が必須なのである。

働く女性の夜の娯楽

福井の浜町《はままち》の芸妓であり置屋やクラブも経営する今村百子さんは、コロナ禍で、自分のクラブを大改装した。女性も楽しめるバーにしたのである。大手企業の福井支社の管理職でも、最近は女性が目立つようになった。だが彼女たちが夜に気晴らしをする場所がないからである。女性も男性の楽しめるバーがつくりたいと思ったのだ。

バーと言っても百子さんの店は舞台があり、そこでかなり先端的なショーをする。コロナ前は小唄、端唄、三味線と太鼓と笛、踊りという伝統的な演《だ》し物だった。ところが今は、本格的な映像と百子さんの歌、笛、三味線、あるいは別のアーチストの和太鼓などをミックスした現代的なパフォーマンスを演じている。たとえばリアルな百子さんと映像に映し出された百子さんが三味線のデュオをする。ちょっと大げさに言えばパフュームみたいなステージなのである。

三味線や和太鼓の音は目の前で聴くと、ものすごい迫力である。こういうステージなら、昔ながらの芸妓の歌と踊りではない。つまり女性が男性を喜ばせるというだけではない、アーティスティックなショーとして、キャリア女性も楽しめる。実に素晴らしい試みであると感心した。

かつ同じ浜町で百子さんの店のすぐ近くの料亭・開花亭は福井の特産品を使った世界的レベルでの美食を提供する店として知られている。またホテルのリバージュも福井の美味しい地元料理をたくさん朝食で提供することでも評判である。

また驚くべきことに、福井のコンビニのおにぎりの中の梅干しは和歌山産ではなく福井県産である。二〇二一年度の梅の出荷量は和歌山が最も多く6万5200トン、福井は3位だが1480トンしかない。だからコンビニのおにぎりの梅も一年中福井県産ではないらしいが、福井としてコンビニの本部に売り込んだ結果だという。地元の食文化を重視する好例である。食文化、娯楽文化が核となり、かつ働く女性への対応などの新しい社会動向への適応もしていく。

このように地元の食文化、娯楽文化が核となり、かつ働く女性への対応などの新しい社会動向への適応もしていく。まさにリ・クリエーティブかつテリトーリオ的なまちづくりの好例ではないだろうか。

地方の課題を語る百子さん

リアルとヴァーチャルの百子さんが共演

第Ⅲ部　「第五の消費」のまちづくり

第15章　脱ファスト風土化の新動向

三浦　展

ヴァーチャル・ファスト風土化が進む中で、リアルな商業施設はどう変わっていくだろう。その答えは少し意外だが郊外や下町で始まっているようだ。大都市の都心部が巨大なタワーマンションや六本木ヒルズなどの、郊外ショッピングモールの金持ち版というべきものに支配されてきているのに対して、原則として生活の場所であり、子育ての場所でもある郊外、あるいは一般庶民階層の多い下町では、これまでは第二の消費社会型のスーパーマーケットや第三の消費社会型のショッピングモールがつくられてきた。だがここに来て、新しいタイプの場所づくりが始まっていると言える。それは第四の消費社会型の商業施設だと言え、ある意味では単なる商業施設とは異なるパブリックな施設であり、人間の居る場所づくりであると言える。

第四の消費社会とは私の造語であり、簡単に言うと以下のようになる。

・第一の消費社会……大正から昭和にかけて中流社会が登場した時代
・第二の消費社会……戦後の高度成長期。大量生産大量消費の時代

・第三の消費社会……一九七三年の第一次オイルショック後からバブル崩壊までの時代
・第四の消費社会……バブル崩壊後から現在。下流社会化が進むと同時に物質的ではない豊かさが追求された時代

この消費社会の4段階は、経済、政治、消費、生活、文化の変遷とほぼ対応している。たとえば商業についていえば、以下のように整理できる。

・第一の消費社会……百貨店の増大
・第二の消費社会……主として郊外におけるスーパーマーケットの急増
・第三の消費社会……都心におけるファッションビルの登場と普及、その結果としての一九八〇年代以降の大都市圏郊外と地方郊外における駅ビルの増大、九〇年代以降のショッピングモールの増大。および消費の個人化に対応したコンビニの急増
・第四の消費社会……モノの消費についてはネット通販の拡大。またモノの消費よりもコト消費・時間消費を重視し、かつ環境、癒やし、人間関係を重視するパブリックスペースやプレイスメイキングの重要性の拡大

こうした消費社会論的観点から以下では最近の事例を見ていく。地域は東京の郊外・近郊・下町であり、開発規模は大規模なものから中規模のもの、あるいはたった1軒の店まであり、また開発とは異なるアートによるまちづくりの事例である。だがそれらはどれもまさに第四の消費社会的な要素を持っている。

1．立川 GREEN SPRINGS（グリーンスプリングス）
――ウェルビーイングをコンセプトにしたまちづくり

第四の消費社会に必要な「人間の居る場所」

ＪＲ中央線・立川駅周辺は、新しいビル、マンションが建ち並び、その間をモノレールが走る未来的な風景の街だ。一九九〇年代初頭から再開発が進み、30年かけて今の都市形態ができあがった。駅ビル、百貨店、映画館などが集積し、中央線沿線でも最も学生などの若者が多い街である。一九八〇年代までの立川を知っている私のような世代から見るとまさに隔世の感がある。

その立川に二〇二〇年、また新しい場所ができた。「街」ができたと言ってもよい。単なるビル、再開発というよりは、街の創造である。それはGREEN SPRINGS（グリーンスプリングス）という商業、文化、オフィスが複合した街である。従来のショッピングモールなどの商業施設とは一線を画す、これからの時代の方向性を示す開発である。

GREEN SPRINGSを見るとまさに　第四の消費社会の価値観に対応した新しい場所づくりがついに登場したという感覚があり、私はとても感慨深い。

GREEN SPRINGSは「空と大地と人がつながる〝ウェルビーイングタウン〟」をコンセプトにつくられた商業、文化、オフィスなどからなる複合再開発である。だがいわゆる再開発とはかなり違う。都市再開発をするときデベロッパーは「都市をつくる、街をつくる」と意気込むが、実際は高層ビルが建っただけで人気《ひとけ》がないものができることも多い。どの街にも同じような再開発がされてまるで個性がないのが現実だ。それに比べるとGREEN SPRINGSはかなり個性的であり、かつ次代のテーマをよく包含している。

ウェルビーイングタウン

「ウェルビーイング」（well-being）とは、病気ではないとか、弱っていないということではなく、個人の権利や自己実現が保障され、身体的、精神的、社会的にすべてが満たされた状態（well-being）にあることを言うとされ、「瞬間的な」幸せを表す「ハピネスhappiness」とは異なり、「持続的・永続的な」幸せを意味すると一般的に言われている。

この「ハピネスからウェルビーイング」への変化は私が拙著『第四の消費』で提起した「楽しいからうれしいへ」の変化に近いと思う。楽しい場所をつくる場合、ある程度法則があって、それにのっとれば楽しい場所はつくれる。だが、そこに行くとうれしくなる場所、それを見るとうれしくなる場所を意図的につくるのは簡単ではない。

たとえばディズニーランドに行って楽しかったというのと、うれしかったというのでは少しニュアンスが違う。楽しかったというときはディズニーランドの各種のアトラクションが楽しかったのであり、うれしかったと言うときは、たとえば好きな人を誘ったら一緒に来てくれて楽しんでくれたとか、その人がいつもは見せない笑顔を見せてくれたとか、いつもは聞けない話が聞けたとか、これを機会に悩みを話したら共感してもらえたとか、そういう場合である。そこには何らかの人の介在がある。人から承認されたとか、受け入れられたとか、理解してもらえたといった感覚である。

だから、キラキラした飾り付けをして楽しい場所をつくるというだけでは必ずしもうれしさは生み出せない。楽しさは外部からの刺激でつくれるが、うれしさは内発的である。内側からこみ上げてくるものである。

うれしさが内発的に生まれるためには、人間のより本質的な欲求に応える必要がある。それは心地よい光だったり、風だったり、緑だったり、言葉だったり、静けさだったりする。それらによって心が軽くなる感覚。それが重要だ。

再開発というと、古い街並みを壊してタワーマンションを建てて、マンションの足下にチェーン店の入居する商業施設を設けるという金太郎飴的なパターンが今は主流であり、それによって客が集まれば賑わいや楽しさが創造できたと判断する。だがそれだけでいいのだろうか。だめでしょ、それだけじゃという疑問への回答がGREEN SPRINGSにはある気がする。

プレイスメイキング的な発想でつくられている「まちの縁側」

GREEN SPRINGSを開発したデベロッパーの株式会社立飛《たちひ》ホールディングスが国から入札で購入した旧軍用地は、南北約400m、東西約100mの3・9万㎡であり、開発与件として地区計画で住宅の開発が禁止され、航空法の高さ制限もあった。

だが、実際にできたGREEN SPRINGSには11階建てのホテル「ソラノホテル」が一番高いが、あとの建物はほとんど3階建てになっている。容積率が500%の敷地なのに150%台しか使っていないという。

また駐車場棟はつくらず、1階を駐車場にした（本稿の写真はほぼ2階の様子である）。駐車場棟が見えると、せっかくの空と光と風と緑の場所が阻害されて殺風景になる。それを避けるために、駐車場は1階に設けたのだという。そういう意味でもGREEN SPRINGSは再開発ビルというよりは新しい街であると言える。

建物で囲まれた中庭のような、ストリートのような空間は、緑がふんだんに植え込まれている。植物の種類が350種類以上もあり、それもテーマパークのように花が咲いているときだけ植えるのではなく、芽が出て花が咲いて枯れるまでずっと植えてあるという。

街路沿いには無数の椅子が置かれている。可動式の椅子もあるが、長い木材をベンチとしてしつらえたものもある。だから客も通行人も少し疲れたらどこにでも座れる。GREEN SPRINGSでは建物のコンセプトを「まちの縁側」とし、こうしたたくさんの居場所を提供している。たしかに各建物から伸びた軒は、昔の伝統的日本家屋の縁側のようである。

約2500席の新ホール「立川ステージガーデン」は多摩地区最大規模のものであり、その屋上に登れる階段に沿ってカスケードと呼ばれる階段状の水流がある。

水流の先にはビオトープがあり、たくさんの生物が生息している。子どもたちが生物を捕るイベントもするそうだ（ただしカスケードの水は循環しておりビオトープの水とはつながっていない）。

ステージガーデンとビオトープの間には芝生広場があり、ステージガーデンの扉をすべて開けばホールと広場が一体化してステージを見られるという。

ビオトープはかなり自然に近くできていて、生物も豊富に生息しているという

カスケードにはたくさんの人が行き来する

多摩の地域性を重視

広場の脇にはキッチンカーが出ている。街路では、屋台が出て多摩地区の野菜を売ったり、さまざまなイベントが開かれる。多摩地域を重視するという意味では多摩産材の活用（ベンチ、パーゴラ、軒天井など）もしている。建物の軒裏には多摩の木材が使われているが、その面積はなんと５２００㎡もあるという。多摩の林業を支援し、森林の保全に協力することが目的とのことだ。GREEN SPRINGSが多摩の拠点であることやＳＤＧｓ的な価値観が表明されていると言える。

３５０種類以上あるという植栽は多摩地域に自生する植物を植えているし、先述のビオトープでは多摩川に生息する生物（メダカ、ドジョウ、ギンブナ、カワムツ、ヌマエビ）を放流している。このようにGREEN SPRINGSの中庭は、街路であると同時に広場であり、かつ多摩の自然の再現でもあるのだ。これは実に魅力的である。

またカスケード横の階段を昇りきり、西側に向かうと昭和記念公園を見渡すことができる。さらにその遥か彼方には富士山が望める。バーに入ればカクテルを飲みながらその風景を満喫できる。ホテル最上階のバーも同様。バーのすぐ横には幅60ｍのインフィニティプールがあり、その向こうに昭和記念公園の入口まで続くプロムナードが軸線のように見える。このようにGREEN SPRINGSは、立川駅周辺の、まだ猥雑さも含めた都市性と、郊外らしい昭和記念公

ホテルの最上階から見える風景。昭和記念公園を一望し、富士山も見える

園の広々とした自然との中間にあって、都市と自然を結びつける位置にある。

シビックプライドを醸成する

ショッピングモールでも人々は歩くが、基本は細長い通路を行ったり来たりするだけである。窓はほとんどなく外が見えないから、客は店と商品だけを見て歩くことになる。毎日うきうきするような商品が陳列されることはないから、いつか飽きる。ショッピングモールでは人は消費者としてのみ存在する。

GREEN SPRINGSでは人は消費者とは限らない。子連れで来たファミリー、犬の散歩に来た人、ママ友同士や80代のおじいさん三人組でのランチ、パソコンで仕事をする人、富士山を見に23区内から来たシニア女性二人組、学校帰りの高校生、T iｋＴｏｋの撮影に来た女の子などなど多様な人々が集まる。GREEN SPRINGSには年齢や性別などのターゲット設定をせず、ウェルビーイングの考え方やGREEN SPRINGSの世界観に共感する人を「ウェルビーイングシーカー」と呼び、ターゲットとして設定しているのだという。だから彼らは必ずしも消費をせずにそこに集まるのである。これはかなり画期的なことだ。利益最優先ではこんな場所はつくれない。

立飛ホールディングスの主事業は貸倉庫などであり、所有する土地の総面積は98万㎡に及ぶ。そして98万㎡のうちGREEN SPRINGSはわずか3・9万㎡。だからGREEN SPRINGSは立飛の収益の柱ではなく、立川全体の「都市格」を向上し、立川市民のシビックプライドを醸成する装置として位置づけられる。そのため、損をしないかぎりで余裕のある空間をつくり、人々がウェルビーイングを増すためにさまざまな居場所を提供できるのである。

GREEN SPRINGSは立飛の事業の一つだが、100年続く街をつくることがGREEN SPRINGSの最初のパーパスだったという。そして100年続く街を考え抜いた結果が「ウェルビーイング」というコンセプトだったという。

空へのこだわり

GREEN SPRINGSが空にこだわったのは、開発した株式会社立飛ホールディングスの前身

キッチンカーも置かれている

屋台が出店してにぎわいをつくる

多様なイス、ベンチが配置され、親子連れもサラリーマンも誰もが自分の居場所を見つけやすい設計がされている

が立川飛行機株式会社という、戦前は飛行機を製造する会社だったからである。タワーマンションの高層階から空や遠くの風景を見渡すのも良いが、それはあくまで個人が自分の家から眺めるだけである。そこにはプライベートはあるがパブリックがない。

だがGREEN SPRINGSのような「街」をつくれば、空はそこで働く人だけでなく、そこを訪れた人々すべてのものである。そこには消費をする空間やプライベートな空間をつくることよりも、パブリックな場所をつくる（プレイスメイキングする）という視点が濃厚に感じられる。

また街路は直線の道が直角に交わるのではなく、X字型に交わっている。これも飛行機会社だったことにちなんでおり、航空法の高さ制限の範囲がベースになっているという。緑で「見えがくれ」しながら街路がX字に交わることで、直線ですれ違う道路とはまたひと味違う視線の交錯、あるいは「見る見られる関係」が生じるのが面白い。

さらに南北に延びる広場は東西に建物があるために、朝日や西日が直射することがなく、緑も豊富なために日差しが和らげられているように感じられる。

パタン・ランゲージ

せっかくの空の広がりを活かすために店舗はすべて街路に向けて全面的にガラス窓を向けて

さまざまな椅子が置かれたオープンカフェ。モールではなくオープンエアなつくりなので、雨の日には雨の日の風景がある。上階のバルコニーからは街路を見下ろせる。バルコニーで会議をする会社もあるという

おり、店舗からは通行人や椅子に座って仕事をする人を眺めることができる。逆に外にいる人は店内にいる客や店員を見通せる。再開発でありながら、商店街的なところがあるのが面白い。そして晴れた日には光と緑の輝きを見ることができ、雨の日は傘をさして歩く人を眺める。天候、時間、季節感を感じられる場所になっているのだ。

よく「時間消費」というが、それは、物を消費するのではなくテーマパークのように楽しい時間を消費する（＝お金を使う）こと、という意味で使われる。しかし、天候や時間の変化や季節感を感じられることこそが本当の時間消費かもしれないと私は思った。

また、これは建築家クリストファー・アレグザンダーの主著『パタン・ランゲージ』で提案された「街路への開口」という方法でもある。ある飲食店ではオープンカフェに置かれた椅子のデザインが複数あり、統一されていない。これも同書の提案である。

他にも『パタン・ランゲージ』には「屋台」「日のあたる場所」「玄関先のベンチ」「木のある場所」「どこにもいる老人」「半分プライベートなオフィス」「さわれる花」「やわらげられた光」「小さな人だまり」「座れる階段」「街路を見下ろすバルコニー」といった提案がされているが、これらをGREEN SPRINGSは実践している。

全国チェーンの店はない

またGREEN SPRINGSに入っているテナント店舗にはチェーン店はほとんどない。立川には伊勢丹、高島屋、駅ビルのルミネ、グランデュオ、さらにイケア、ららぽーとなどの大型店があり、飲食を中心に全国チェーン、ナショナルブランド、いやグローバルブランドもすでに十分に揃っている（ちなみにららぽーとは立飛ホールディングスの土地にある）。

そのためGREEN SPRINGSでは、自分たちのウェルビーイングというコンセプトに共鳴してもらえる店を選んでリーシングした。実は私の住む杉並区西荻窪駅の近くに美味しい素敵なビストロがあったのだが、昨年突如閉店し、立川に移転した。いったい立川のどこに移転したのだろうと思っていたらGREEN SPRINGSであった。このように各地の名店、話題の店を集めているのである。ナショナルチェーン、グローバルチェーンよりもリージョナルな店を選んだのだ。

日本中どこの街にもあるブランドが入ることは消費者にとって便利だが、市民のシビックプライドにはつながらない。GREEN SPRINGSは都市格とシビックプライドを重視したのである。

▼利用者インタビュー　女性（夫と子どもと同居）

GREEN SPRINGSにはこの1年で3、4回夫と子どもと一緒に来ています。住んでいるのは山手線の内側なので、晴れた日は新宿御苑などで遊びますが、雨の日は車で手塚建築研究所が設計した子ども向けのプレイパークに行きます。プレイパークは子どもの創造的な遊びを掻き立てるような仕掛けがあってデザインセンスも良いので、大人でも楽しめるところが好きです。駐車場から直接、上階にアクセスできるので便利です。

雨の日は他に屋内型施設の西新井のギャラクシティ、平和島のトンデミなどに行きます。一方で、GREEN SPRINGSでは雨が上がると屋外のカスケードやビオトープがあるので子どもは喜びます。

またGREEN SPRINGSは飲食店が充実していて、特に「100本のスプーン」は、子どもの喜ぶメニューがあるだけでなく、ガラス越しに見える昭和記念公園のグリーンが美しく、開放的な空間で食事を楽しめるところも気に入っています。雑貨店なども他の商業施設にはない個性があり、大人も感性を刺激されますね。

このインタビューはとても興味深い。マンションが増えて「高層住宅地」化した都心、つまり「郊外化」した都心から休日に郊外に文化的施設を求めて遊びに来る。つまり郊外が「都市化」し始めたのだ。郊外に都市的な文化・娯楽あるいは猥雑さを注入して都市化させることが今後の郊外の発展に必須だと私はずっと主張してきたが、それが現実化したと感じる。

2．仙川――ほどよいサイズ感の歩いて楽しい街

ゆったりと歩ける街

京王線仙川《せんがわ》駅周辺は、歩いていて、ほどよいサイズ感を感じる良い街だ。駅南口の街区は東西400m×南北は東側が500m、西側が300mほどの台形である。

吉祥寺だと南は井の頭公園、北はコピス（元伊勢丹）やロフト、西は東急百貨店のすぐ裏まで、東はヨドバシカメラまでという範囲である。つまりぐるっと歩き回っても30分ほどだ。だがほぼ路面店だけなので、大型店や中小ビルの乱立する吉祥寺ほど高密度ではない。空が見える。

適度に賑わっているが密集というほどではない。吉祥寺の休日は人が多すぎてのんびり歩けないが、仙川ならゆったり歩ける。桐朋学園や白百合女子大もあり、国立《くにたち》に近い文教地区的な雰囲気があるとも言える。風俗店もパチンコ屋も少ないので、安心安全にママがバギーを押して歩けるようなちょうど良さが魅力であろう。

クイーンズ伊勢丹やスタバのあるあたりには座れる場所が多い

個人店も多い

業態的にも西友からクイーンズ伊勢丹まであり、暮らしやすそうだ（このクイーンズ伊勢丹はデザインがかっこ良く、ガラス越しに外から見える店内の眺めが素晴らしい）。

駅からまっすぐ伸びる商店街はチェーン店が増えたが、個人店は主にその外側の住宅地との中間に増えたようだ。パン屋、洋食屋、ペット連れで入れる飲食店、和菓子屋、クレープ屋など飲食店が多い。商店街の中もチェーン店というほどではないが、吉祥寺のアジア食材店カーニバルの新業態の「ヒュッゲ」が出店していた。北欧をベースとしたヨーロッパ風の食材店である。

クイーンズ伊勢丹の手前にスターバックス、猿田彦珈琲店、星乃珈琲店が並んでいるのは珍しい。コーヒー好きにはたまらないだろう（ちなみに猿

おしゃれな路面店がたくさん並ぶ。自然派の店も多い

駅前の地図も仙川地図研究所のオリジナルで、シビックプライドを感じさせる。どの街にも街オリジナルの駅前地図があるといいなと思った

田彦珈琲の社長は仙川出身)。

仙川地図研究所の活動

この仙川で地域の情報を集めて発信しているのが、二〇一三年に設立された仙川地図研究所だ。きっかけは二〇一一年の東日本大震災。設立者の小森葵さんは地元の新聞販売店と協力して復興支援をしようとした。

しかし商店街の飲食店も震災で客が減っており、それどころではなかった。そこで、意見交換した店主などと外で食べようというキャンペーンを張った。また親しくなったお店と二〇一三年に手づくり市を始めた。結果として、地域の個人店を町の歴史と共に紹介するツールが欲しいという声が上がり、この年の秋から有志と共に最初の地図づくりをした。その後お店情報だけでなく地域の歴史などについても調べて地図に載せるようになった。

地図は情報を更新しながら2、3年に1回改訂版を出している。地図づくりだけでなく、仙川を知ってもらうための街歩きイベントも開催している。現在のメンバーは30代〜80代の約20人で、有償・無償ボランティアで働いている。メンバーの職業はギャラリーカフェの経営者とデザイナーが中心で、会社員が数名、それから元建築家、元カーデザイナー、元編集者などさまざまだ。

矢野邸

SETAGAYA Qs-GARDEN

また仙川には二〇二三年三月に「SETAGAYA Qs-GARDEN」（敷地面積約9ヘクタール）ができた。行政上は世田谷区給田1丁目だが、一九三七年に馬場汽船創業家の馬場氏鳥山別邸がつくられ（設計：吉田鉄郎、鉄筋コンクリート2階建て）、一九五四年に第一生命保険株式会社の福利厚生施設・第一生命グラウンド（相娯園）として開園した場所だという。

一九八六年には田園調布にあった第一生命創業者・矢野恒太邸（蒼梧記念館。設計：松本与作、一九二七年築木造2階建て）が移築された。こうして半世紀にわたって守り受け継がれてきた広大な敷地を今後どうするかを考えたとき、素晴らしい緑地をなくしてただのマンション街にしてしまっては第一生命としての企業理念にもとる。

第一生命は創業当初から都市、住宅、地域社会の建設への関心の高い企業であった。一九五五年に第一生命住宅株式会社および財団法人第一住宅建設協会を設立（二〇一一年に一般財団法人「都市のしくみとくらし研究所」に名称変更、一三年に第一生命財団に統合）。都市、住宅、住生活の改善向上を図るための必要な調査・研究を行い、研究助成、機関誌『City&Life』の発行などを行ってきた伝統がある。

また第二次大戦後の住宅困窮者のため低廉良質な住宅を供給し、一九五五年に南武線武蔵小杉駅前「武蔵小杉アパートメンツ」という鉄筋コンクリートの団地を建設。その後合計35団地、5280件を分譲した。給田の福利厚生施設はもともとこの武蔵小杉から移転したもので、その後にアパートがつくられたのである。

このような歴史を踏まえ、第一生命としては、単なる再開発やマンション住宅地建設ではない方法で同地の活用を考え、健康増進、高齢者支援、地域活性化、子ども・教育、スポーツ振興、安全・防災、環境配慮など、さまざまなコンテンツを通して地域の方々のクオリティ・オブ・ライフ向上を目指す、人と暮らしの未来を見つめるまちづくりプロジェクトを目指すことにしたという。

そこで先述の馬場邸、矢野邸を改修し、何らかの形で一般公開・利用を図る。またもともとテニスコートがあり、錦織圭選手も少年時代にここで試合をしたという場所だが、ここに日本

イングを高めるまちづくり
ながら、健康的に暮らし続けられるまち～

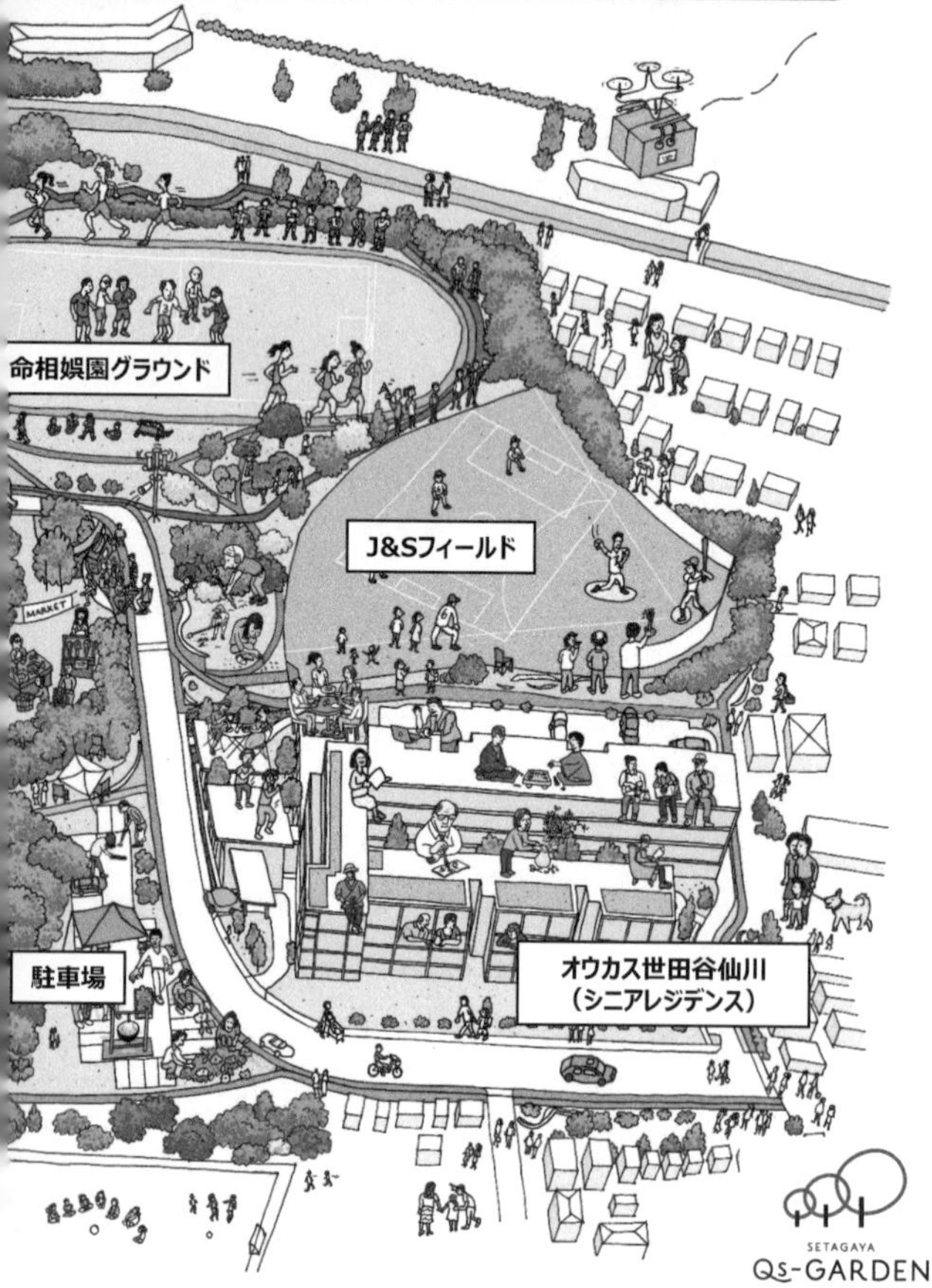

SETAGAYA Qs-GARDEN 配置図
資料：第一生命保険株式会社

初の本格的なレッドクレーコートのテニス場を整備した。全仏オープンの会場であり二〇二四年のパリ五輪でも使用されるローラン・ギャロスと同じ赤土を使用し、日本テニス協会の五輪に向けた強化拠点としても使用される。

野球場の利用については日本女子体育大学と世田谷区と契約を締結。同学は施設不足という課題を抱えており、世田谷区もスポーツ用地確保が難しいため、今回の契約・協定により、第一生命が同学に野球場を貸し、同学が同区に転貸する形で学生と区民のスポーツの場として活用していく。

また、ファミリー向け分譲マンションとクリニックモール、学生向けマンション、サービス付き高齢者向け住宅も建設（建設・分譲事業は別途各デベロッパーによる）、多世代の住民が交流しながら、健康的に暮らし続けられるまちづくりを目指す。

第一生命不動産部ラインマネジャーの堀雅木さんは、この「まち」を、つながり、袖振り合うも多生の縁が積極的に生まれていく場所にしたいと言う。ここに居住する高齢者と学生といった住民、近隣大学の学生、隣接する住民や運動施設利用者、隣接する小中学校の児童生徒など、多様な人々が交流する場所がつくられていきそうである。

3. 下北線路街――街の個性を活かし新たな動きを誘発

シモキタらしいトンガリを育てていく

下北沢のBONUS TRACKについては私の本（たとえば『永続孤独社会』）で何度も取り上げてきたので簡単に述べるにとどめるが、これもやはり第四の消費社会的な商業施設のあり方だと思う。スクラップアンドビルドで画一的な再開発をするのではなく、その街らしい歴史や個性を大事にしているからである。

BONUS TRACKは小田急線沿線・下北沢駅から地上に出て世田谷代田《だいた》駅側に歩いて5、6分のところにある。世田谷代田駅から下北沢駅を経て東北沢駅まで、小田急線が地下化した上の地上部分を開発したストリート「下北線路街」の一部である。

BONUS TRACKは、昔ながらの木造の長屋やアパートのような感覚のある商店として二〇二〇年四月に開業した。「みんなで使い、みんなで育てていく新しいスペース、新しい〝まち〟」がコンセプトである。

下北沢では近年、賃料が高騰して若く個性的なテナントが参入しづらい状況になってきていた。個性的な商店の連なりがつくる下北沢らしい街の風景が失われていた。そこで、BONUS

BONUS TRACK は新しくつくった街には見えないし、従来の商店街にはない居場所づくりがうまい

このように近隣住宅地と融合している

TRACKを設計したツバメアーキテクツでは小田急電鉄と協議しながらこの街区の設計を行った。木造密集地域の商店街の良さを取り入れ、下北沢らしいザワザワとした、自由で、ちょっとアナーキーな雰囲気を新しい開発の中でも活かしていこうとしたのである。

2階建て15店舗の店を連ね、1軒あたり平均10坪15万円という、東京の人気の街としてはかなり低家賃にした。また、店を出すだけでなく2階に住める職住一致型にすることで、面白い個人店が入れるように企画した。個性的なレコード店、発酵をテーマにした物販・飲食店、ながらく下北沢で活動してきた新刊書店B&B、コワーキングスペースなどがある。

商店街と言っても15店舗がずらっと並んでいるのではなく、良好な住宅地か代官山ヒルサイドテラスのように精密に配置されており、植樹もされ、ちょっと腰をかけられるような場所もあるなど、のんびり歩くだけでも心地よい場所になっている。

BONUS TRACKのさらに世田谷代田駅側は、温泉旅館「由縁別邸 代田」、東京農業大学のオープンカレッジが入居する「世田谷代田キャンパス」、「世田谷代田 仁慈保幼園」などが並んでおり、単に商業施設だけでなく、教育、文化などの機能も果たしている。

無個性な店は避けたかった

BONUS TRACKとは反対側、下北沢駅から東北沢駅までの「下北線路街」には商業施設の「reload（リロード）」、「MUSTARD HOTEL（マスタードホテル）」、イベントホール「ADRIFT（アドリフト）」ができており、これらを一括して株式会社GREENINGが運営している。

リロードのテナントにはチェーン店はない。下北沢、三軒茶屋など世田谷区内、代官山、原宿、中目黒など都内で営業していた店の新店舗、ネットだけで販売していた会社の初店舗などが多く入居している。他で見たことがある、という店はない。

「画一的な、無個性なお店は避けたかった。複雑というか、あまり見たことがない、『これは何のお店だろう？』という、興味が惹かれるような、良い意味でちょっとわかりにくいお店をあえて集めています」と、「下北線路街」開発を担当してきた小田急電鉄株式会社エリア事業創造部課長代理の向井隆昭さんは言う。

たしかに下北沢の有名な茶店「しもきた茶苑大山」の他、下北沢地元店が入店。また古着の街下北沢らしく渋谷区桜丘町からヴィンテージ古着ショップが入店し、マスタードホテルでは音楽の街でもある下北沢らしく、宿泊客が受付でＬＰレコードを借りて部屋で聴けるようになっている。あくまで下北沢らしさにこだわる。

他方、東北沢という地域性も意識した。

「東北沢側は下北沢側とは少し違って、代々木上原などの住宅地に連なり、ちょっと高級な雰囲気が強まるんです。そういう保守的な環境に合わせながらも、やはり新しい情報に敏感な住民も多いので、青山や代官山にあってもおかしくないテナントさんで、でも個性、新奇性もあるというテナント構成になりました」という。

OGAWA COFFEE LABORATORYは、バリスタおすすめの器具を使い、焙煎から抽出までを客自身で行うことができる体験型ビーンズストアだというし、APFR TOKYO（アポテーケフレグランストーキョー）は自社工場で商品の調合、生産、パッケージングまですべての工程をハンドメイドで行うフレグランスブランドのショップであり、客が自分好みの香りをつくれるという。消費者が単に既製品を買うだけでなく、消費者自身が関わっていくような店が入っているのである。

また、リロード付近は朝などに犬の散歩をする人が多い。「代々木公園からずっとこちらのほうまで散歩をされるんです。ホテルの1階のカフェで犬を連れてコーヒーを飲みに立ち寄る方が多いです。またリロードのなかのヨガスタジオでは、エクササイズの一環として下北沢の街中を走るプログラムを行うなど、街に人がしみ出していく、関わっていくような活動もしています」

周辺住民も下北線路街利用者も街に出ていくことで街を活性化していくという形が実現されているのである。

2階建てで立体的なつくり。座る場所も多く、個性的なテナントが入る

コロナのため、都心の店舗から住宅地の近所に移転したいというテナント側のニーズもあったという。また東北沢駅周辺には店が少なかったが、これができて「線路街」に隣接した場所にも新しいカフェや和食屋などができるようになった。

従来の駅ビルやショッピングモールのように、大きな箱の中に客を囲い込むのではなく、下北沢という街の中に新しい街を、しかし下北沢らしい街を再創造し、かつそこに集まる人々がさらに下北沢の中でさまざまな活動を始めることを誘発する装置として下北線路街はあると言える。非常に意欲的な試みである。

4．国立・谷保　スナック水中――アナログで人間くさい場所

一橋大学を卒業してスナックを始めた女性

いわゆる商業施設ではないが、街の居場所づくり、夜の娯楽づくりという観点で注目されるのがスナックだ。

実際、この10年ほどの間、若い女性を中心にスナックに行きたい、スナックのママをしてみたいという人が増えた。カフェではない。夜カフェでもない。スナックなのだ。

ここで紹介する「スナック水中」は二〇二二年四月にＪＲ南武線谷保《やほ》駅近くに開店したもの

スナック水中

で、なんと一橋大学社会学部を卒業したばかりの坂根千里さんがいきなりスナックのママ（経営者）になって始めた。テレビなどでもかなり紹介されているので、知っている人も多いだろう。私と同じ大学・学部を卒業した女性がスナックのママになるとは、40年前には夢にも思わなかった。

水中はもともと「せつこ」という名の昭和のスナックだったが、そこでチーママとしてバイトをしていた坂根さんが、スナックをもっと若い人、特に若い女性の仕事の疲れを癒やせる場所にしたいと考えて、自分でその店を継承することにしたのだ。

私と坂根さんは2年ほど前に初めて会っていたが、彼女がなんだか自分探しをしているように見えたので、私は彼女に「あなたはスナックでバイトをするといいと思う」と言った。いろいろな人間に出会うことが重要だと思ったからだ。そうすると彼女は

「実は昨日から働き始めました」と言うのでびっくりした。それが「せっこ」だった。「せっこ」のママは年齢的なこともあり、店をやめようと思っていた。そこに坂根さんがバイトとして来て、この子にずっとお店をやってもらえないかと思った。坂根さんも、自分がバイトをして、自分のストレスを解消したり、視点を広げたりしてくれるスナックというものに可能性を感じていた。そこで大学生でありながら、「せっこ」を継承する準備をし、反対する親を説得するためにぶ厚い事業計画書を作成した。

坂根千里さん

社会とつながれる場所をつくりたい

かくして「水中」はできた。半地下に降りて重いドアをあける店だったのを、壁をぶち抜いてガラス張りのドアに変えた。これにより、常連でなくても入りやすい雰囲気にできた。

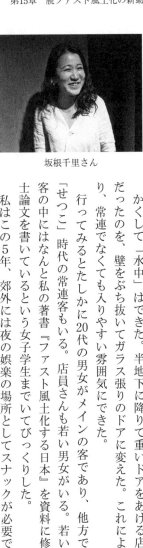

行ってみるとたしかに20代の男女がメインの客であり、他方で「せっこ」時代の常連客もいる。店員さんも若い男女がいる。若い客の中にはなんと私の著書『ファスト風土化する日本』を資料に修士論文を書いているという女子学生までいてびっくりした。

私はこの5年、郊外には夜の娯楽の場所としてスナックが必要であるという認識から「郊外スナックネットワーク」なるものをつくっていきたいと提唱してきたが、まさに「水中」にはネットワークの核となる可能性を感じた。女性による女性のためのスナック、女性が男性にサービスする従来のスナックではなく、若い男女が集まれる場所であり、知的なサロンとしての可能性もある。おそらくは子育て中の人たちも集まる場所になっていくと確信した。

坂根さんが目指すスナックは「地域に愛される昔ながらの社交場を引き継ぎながら、若者や初心者でもドキドキしながら中に入れる新しい形」だという。そう考えたのは同学年の女子学生の就活だ。まわりの女の子たちがどんどん自滅していった。表ではすごく頑張っている子が家でひとり悶々としていた。坂根さんはそういう女性が立ち寄れる場所をつくりたいと思った。

坂根さん自身がスナックで何度も救われてきたからだった。ママや常連さんがいて、くだらない話をしながら悩みを笑い飛ばすことができた。若い女性に限らず、家で悶々としている人すべてにとって社会とつながれる場所をつくりたいと、坂根さんは考えたという。

私に欲しかったものはもっともっとシンプルだ

スナック実現を考えている過程で坂根さんがｎｏｔｅに書いた文章が面白い。

スマホ上のＡＩを駆使したと言われるさまざまなヘルスケア、メンタルケアなどのアプリを試しなら、最初は「そうこれよ、これなのよ!!」と大歓喜し、いろいろと試した。自分の下降傾向を分析してくれ、上昇をサポートしてくれる手札が増えたと思っていた。自分の傾向に合わせてパーソナライズしてくれるサプリメント、瞑想を伴走してくれるアプリ、日記を記録して、１ヶ月の気分の動向・傾向を分析してくれるアプリ、私との会話を記憶して「私にとって気持ちいい」話し相手にどんどん最適化されるＡＩの会話アプリ……。

だがしばらくして「こんなサービスも、アプリも、一方的なメディアも、本当に墜落しそうな夜に何の役に立つのだい…」と思った。１ヶ月後、私はどのサービスも使っていなかった。

アプリの中ではサービス提供者の手中で自分が正しくカテゴリー分けされ、分類に準じて正しくサービスが提供される構図がどこまで行っても見えすいてしまう。

自分の情報を入力したデータを元にして、サービス提供者から「これが欲しかったんだろう?」の押し付け感も察知してしまう。

もっと思ったことは、「こんなにマメに入力して、いろんな技術を利用して、自分に〝最適な〟何かを見つけること」は、結局何になるのか。

いや、最適ってなんだ。
私に欲しかったものはもっともっとシンプルだ。
最適で気の利いた返しなんかはしてくれない人であり、場所だ。
それを諦めて、テクノロジーが解決するなんて幻想だ。
その片鱗を私はスナックで見た。

全国や全世界で普及するアプリではなく、カウンター席が10ほどしかない小さなスナックだからこそ生み出せる価値があると、坂根さんは強く思った。デジタルなテクノロジーではない、極めてアナログで人間くさい、ただ人が数人集まって酒を飲んで話して、悩みを笑い飛ばす、「気の利いた返し」をするよりちゃんと話を聞いてくれるそういう場所、まさに地域に根ざした無数の小さな娯楽の場所がこれからますます必要とされるのだろう。

5. 足立区　ソラトカゼト西新井——街とのつながりを考えた

足立区のマンション街にできた新感覚のショッピングセンター

現在の日本で最も活躍している建築家といえば永山祐子である。ドバイ万博日本館、歌舞伎町の東急歌舞伎町タワーなどの大規模物件から、百貨店の内装、ブティック、ショッピングセンターまで、活動の幅は広い。

永山と同じ一九七〇年代生まれの建築家が、建築作品そのものよりも、建築と街・地域のつながりを追求したコミュニティ志向の建築を手がけることが多くなっているのに対して、永山は「キラキラ」した建築を設計できる、現在では珍しい存在であると私は考える。

その永山が設計したショッピングセンターが足立区にできるというので取材した。開店は二〇二二年一〇月一四日。開発したのは板橋区で不動産業を営む株式会社リブランである。

リブランは24時間楽器演奏可能なマンション「ミュージション」を手がけるなど、ユニークな開発で知られている。また、エコロジーを意識したマンション「エコヴィレッジシリーズ」を二〇〇一年から２０００戸以上供給してきた（二〇一九年現在）。エコロジカルな住宅設計で知られる株式会社チームネットと協働したコーポラティブハウス「松蔭エコヴィレッジ（欅ハウス）」も有名だ。だが、商業施設は手がけたことがないはずだ。

そのリブランが永山祐子と足立区でどんなショッピングセンターをつくるのか。意外な組み合わせだけに私は非常に興味津々だった。

場所は東武スカイツリーライン西新井駅から徒歩3分のところ。西新井駅は北千住から急行なら5分ほど、各駅でも8分ほどである。有名な真言宗總持寺・西新井大師のある門前町でもある。

駅西口を降りるといきなりドン・キホーテがあるので、あれ、ここにできるのかとちょっと不安になったが、歩いていると新しいマンションがずらりと建っており、近年の足立区において都心に通うビジネスパーソンを大量に吸収している地域なのだと実感した。

新しいマンションが並んでいる地域は、日清紡の工場があった街区だそうで、その一部にセブン&アイ・ホールディングスのショッピングモール「アリオ」があり、核テナントとしてイトーヨーカドーが入っている（イトーヨーカドーは北千住が発祥の地である）。駅の反対側、東口にはイオンがあり、駅ビルとして東武のトスカがあり、他にもかなり商業集積はある。そこにまた新しいショッピングセンターができて、大丈夫かという気にもなった。


空を感じ、風が通り、体温が伝わり、会話が生まれ、笑顔になれる

ショッピングセンターの名称は「ソラトカゼト西新井」という。敷地面積893・2㎡、建物は2階建てで延床面積1164・2㎡と思ったより小さい。こんな小さい店で大規模店が多い西新井でどうやっていくのか。また少し不安がよぎった。

現地に着くと、いわゆるショッピングセンターという感じではない。たしかに1階は生鮮食料品店が入っている。しかし隣は調剤薬局である。その隣は焼きたてパン屋。2階は小児科、写真スタジオ、美容室、ネイルサロンからなる。かなりコンパクトなショッピングセンターである。

ソラトカゼト西新井が面している通りは整備された桜並木であり、自転車専用レーンもある。マンション街には公園もあり、緑も豊富である。ソラトカゼトという名称は、〝空を感じ、風が通る。体温が伝わり、会話が生まれ、笑顔になれる。〟という願いを込めてネーミングされたというが、たしかにこういう場所なら、空と風という店名も似合っている。

それにしてもショッピングセンターの店名が〝空を感じ、風が通る。体温が伝わり、会話が生まれ、笑顔になれる。〟というコンセプトから来ているというのは、少し珍しい。だがとても今という時代を表していると言える。

モールじゃない人間くさい店

リブランの担当者・宮本隆雄氏によると、目指したのは「居心地のよい商業施設」だという。「ショッピングモールが増えすぎて、消費者も飽きてきたと思う。どこのモールに行ってもツルツルピカピカで同じだし。こういうモールばかりの環境で子どもが育つとどうなるのか不安な気がしました」という。驚いたことに宮本氏は『ファスト風土化する日本』の愛読者であり、取材当日、氏は同書をお持ちになり、私にサインを求められたのだ。商業施設の担当者にこの

並木道に面したソラトカゼト。新しくできたばかりとは思えない地域感がある

ガラス張りの開放的なカフェは、おしゃれすぎない程度におしゃれ

ようなことをされたのは初めてなので、びっくりすると同時にうれしかった。ファスト風土批判は、商業批判でも商業施設批判でもないのだが、同書を愛読した方には極めてリージョナルな活動をされる方が多く、大型店より個人店を好む人がほとんどだったので、新しい商業施設を通じる形で巨大モールではない価値を提案しようとするケースは非常に珍しいからである。

宮本氏は、これまでの西新井になかったおしゃれさは欲しかったが、代官山のような気取ったものは似合わない、「もっと音や匂いのする人間くさい店が欲しいと思った。街から遮断されて、客を囲い込むようなモールではなく、街とのつながりを考えた店にしたかった。それに今の時代、何かと規制が多くて、みんな疲れている。だからここでは、もっとおおらかな、風通しが良い、なんとなくつながっているという感じの店にしたかった」と語る。

そこで宮本氏は、スープストックトーキョー自由が丘店の店舗デザインが好きだったこともあり、それを設計した永山祐子を設計者に指名した。

雁木のような場所

以上のようなコンセプトを踏まえ、永山事務所では中規模の商業施設ではなかなか大きなパブリック空間はつくれない代わりに、断面的なアイデアで視線や風、光をコントロールしながら固有の体験をつくることを考えた。そこで売り場を壁で囲んで通路を真ん中に持ってくる方

１階の店舗同士の仕切りはガラスなので全体に見通せるようになっている（撮影：永山祐子事務所）

雁木。各店が自分の店の軒先を公共の街路にしてつないでいる（新潟県上越市高田）

式ではなく、細長い敷地を活かして、外の街路から直接店舗に入る路面方式とすることで商店街の風景を創り出したいと考えたという。

設計にあたっては、街路と売り場の中間領域にも心を配った。1階の中間あたりにかかる勾配屋根は軒が長く伸びており、木サッシのガラス戸をあけた店内も、ガラス戸から1・5mほどは店でも外でもない中間領域という位置づけになっている。さらに生鮮食料品店と調剤薬局とパン屋の仕切りもガラスであり、相互に隣を見通せるようになっており、単なる路面店型では独立しがちな店舗同士がなんとなくつながっている感じが出ており面白い。

これは、雪国にある雁木《がんぎ》のような感じである。私は雁木で有名な新潟県上越市高田の出身なのでそう思ったのだ。

雁木というのは今風に言うとアーケードであるが、木造の店舗が私有地である店先を街路として提供し、軒を伸ばして雨や雪に当たらずに通行できるようにしたものである。それぞれの店が独立しすぎず、気軽に店に入りやすく、風通しがいいのに、どことなく温かみのあるコミュニティを感じられるのが特徴だ。

6. 墨田区向島——空き家だらけの街からのふるさと創造

アートが盛んな旧・向島区

「すみだ向島EXPO2022」というアートイベントが二〇二二年一〇月の1カ月間開催された。墨田区には15年以上前からアーチストが区内に住んだり、シェアアトリエを持ったりして創作活動をすることが増えており、アートイベントがこれまでにも何度か開かれてきた。EXPOはそうした下地をもとに、向島のこれからのまちづくりの一環として行われるアートイベントである。

行ってみると、非常に刺激的なイベントだった。半日ほど回っただけであり、Expoのイベント全体を見ることまではまったくできなかったのだが、それでも十分に堪能した。

私は中央線沿線に長く住んでおり、そこでもアート関連のイベントはしょっちゅう開かれているし、高円寺では大道芸フェスティバルも開かれるなど、街とアートのつながりは深い。

だがすみだ向島EXPOを見ると、破壊力というか、刺激というか、パワーが全然違う気がした。街のあちこちにアート作品が置かれるというより、古い長屋、商店などが、展示会場というだけでなく、それ自体が作品のようにすらなっていて、杉並区のような住宅地では実現し

町工場の風景がアートに見える。京島駅２階は展示販売などを行う

にくいものが展開されていた。

　面白いのは、墨田区は町工場の多い街なので、物をつくることが日常だ。それらの制作現場は制作物がアートではないはずなのにアートに見えることもあるということだ。そのへんがもしかすると杉並との違いかもしれない。

　他方、古い街並みは残っているが、取り壊されて新築戸建てなどになるケースも非常に多い。たとえば「京島駅」という建物がある。京島駅なんて鉄道駅はあったっけ？　と思わず地図を見てしまったが、実はこれはＥＸＰＯの仕掛け人である後藤大輝さんの会社、暇と梅爺株式会社という人を食った不思議な名前の会社のすぐ近くにある、古い元米屋である。

後藤大輝さん（事務所にて）

その元米屋がＥＸＰＯに限らず後藤さんらの活動の拠点になっているのである。

京島駅はＥＸＰＯの受付であり、展示会場にもなっている。写真、映像などのさまざまな展示があるのだが、度肝を抜かれたのは、１階の和室が畳を剥がれ、床板も剥がれ、下の土が１ｍも掘られ、その掘ったところに彫刻のように怪しい作品が彫られて（掘られて？）いるのだ。

掘り出された土は袋に詰められて外にきれいに積まれていたので、ＥＸＰＯ終了後に埋め戻すのかと思っていたが、10日後に行ってみたら、その袋詰めの土が塗り固められて、それ自体がまた新たなアートに変貌していた。しかも、そこで結婚式をする人を募集していたのである。その他にも古い木造の空き家、空き店舗が多い地域だけに、それをフルに活用しているところが面白い。杉並のような住宅地だと、仮に空き家や空き店舗があっても、ここまでダイナミックなことはできないだろう。

ふるさとは出会うものだと実感した

古い米屋を使った「京島駅」はアート会場にもなる

ところで後藤さんはいつ、なぜ墨田区にやってきたのか。最初は二〇〇八年の春だというから、私が都市計画研究者の山本俊哉教授に向島案内をしてもらった直後だ。

後藤さんはもともと映像作家で、出身は名古屋市の郊外ニュータウン。学生時代は日本映画学校のある川崎市の新百合ケ丘に住み、その後は谷中や杉並にも住んでいたが、映像を制作しながら住み、かつ人が集まれる場を求めていた。谷中時代の東京芸大の知り合いの情報で墨田区がちょうど良さそうだということで、住み着いたのである。

古い建物や街並み、商店街のサイズ感、古い町工場、昔の地形が残った道筋などを見て一目で気に入った。「ふるさとは出会うものだと実感した」という。

最初は明治通り沿いの長屋の元カラオケ居酒屋の空き店舗に住んだ。そしてそれをリノベし、「爬虫類館分館」という、これまた人を食った不思議な名前のシェアカフェ&住居にした。爬虫類がいるわけでもないし、本館があるわけでもなか

古い店が廃業した後に新しい店ができている

った。それが二〇一〇年。

以後、これまで年に1、2軒、空き家、空き店舗を見つけては借り、リノベしてお店やシェアハウスなどにして転貸するという不動産業のような仕事を始めた。仕事といっても本職は映像制作なので、最初はリノベ不動産が利益を出したわけではなかった。

4番目の物件である明治通り沿いの「三軒長屋」あたりから、事業として利益が出始めた。次第に映像よりもリノベ不動産のほうが本業になっていき、二〇一九年に株式会社暇と梅爺《うめじい》が設立された。

二〇一二年は東京スカイツリーが開業した年であるが、墨田区の街が急激に変化したわけではなかった。だが変わる予兆はあったので、単に普通の新しいビルや店やプレハブ住宅ができるのとは違ったまちづくりを、カウンターとして行うには良い時期でもあったと後藤さんは振り返る。

ここに住んで以来、挨拶ができ、自分を知ってくれる人が、子どもからお年寄りまで各世代にできた。この街で自分の子どもを育ててもらった、この街なら自分が歳をとって老人になることが怖くない、地域に守られているという感覚がある、ここが安心できる故郷になった、と後藤さんは言う。

失われていく街並みをどうにかしたい

向島に住む都市計画家、都市計画コンサルタントの紙田和代さんが廃業したパン屋を買い取り継承し、２階は賃貸住居にした

そして後藤さんは二〇二〇年からすみだ向島ＥＸＰＯを開始した。コロナが始まっていたが、それがかえって追い風になった。三密な商業施設やテーマパークなどに行く人が減り、街歩きをする人が増えたからだ。かつ、コロナで仕事が減った一流のイベント業者たちが、ＥＸＰＯを手伝ってくれた。彼らはコロナが落ち着いてきた今も、

EXPOを面白がって手伝ってくれているという。

二〇〇七年には、アーチストが住んでいる例はあったが、街にアートが溢れているとか、新しい店ができているということはほとんどなかった。キラキラ橘商店街は無性に昭和レトロな味わいを醸し出していて、古い歌謡曲のレコードをなぜか電器店で売っていた。かすれたペンキ文字がとてつもなく味わい深い商店がたくさんあったり、常連が5人入っただけで満員になるので一見の客は怖くて入れないホルモン屋があったりした。

だが二〇一〇年代に入り、若い人たちが移り住んできて、カフェができたり、リノベをした雑貨店などが増えてきた。カフェはやってみたいが、本業があるので休日や夜しかできないという人、コーヒーしか出せない人などがいたが、曜日や時間によってお店に出る人を交代して、昼はコーヒー、夜はお酒と食事を出すといったシェア的な店も増えた。

このような新しい動きが拡大しているものの、もちろんご多分に漏れず、古い建物が壊され、プレハブの無個性な住宅にどんどん建て替わっているのが現実だ。古い長屋が何軒か並んだ街並み、家並みが崩れている。

そうした流れに抗すべく、後藤さんだけでなく、向島に住む都市計画家、都市計画コンサルタントである紙田和代さんが、商店街の廃業したパン屋を買い取り、リノベして、パン屋をやりたい若い人がパン屋を継承し、2階を住居にするという事例も生まれた。紙田さんはさらにパン屋の近くの土地を買い、そこに墨田区らしい2階建ての長屋様式の木造の建物を建てて、身体に良い惣菜を売るコミュニティスペースにしようと計画中である。

ついに財団法人を設立

すみだ向島ＥＸＰＯ２０２２が終わるやいなや、後藤さんは財団法人の設立をする。八島花《やつしまはな》文化財団という。向島の八広《やひろ》、向島、京島、寺島、文花、立花という地名から文字を取り、谷《や》根千《ねせん》のような地域ブランドにしようというのだ。呼びかけ人には先ほどの山本俊哉教授や紙田さんも入っている。

財団では、長屋文化を継承し、地域に関わる人々が地域文化の担い手となり、新たな「表現し合う文化」を創造し、「安住感」を次の世代に継承するというのが目的だ。

具体的には、たとえばぜひとも残したい古い建物があるとすると、それを誰かが買う。たとえば三浦展が買う。だが、名義は八島花文化財団である。つまり三浦展が財団に「買ってあげる」のである。３０００万円で買った場合は、月15万円で貸せる物件にしたいだろう。買ってもらった財団は建物をリノベして、１階を店舗にして10万円で貸し、２階を２部屋の住まいにして５万円×２部屋＝10万円で貸し出す。合計20万円の家賃のうち、15万円を三浦展に払う。残り５万円は建物のその後の修繕、防災対応などに使われる。もちろん普通は１人で３０００

万円は出せないだろうから、3人で1000万円ずつでもよい。

これはかなり積極的で攻撃的な財団活動である。単なる風景や建物の保存とか、修景というだけではない、創造的な文化活動である。また、後藤さんは国土交通省の「ひととくらしの未来研究会」のコアアドバイザーにもなった。ぜひとも成功を期待したい。

7. 墨田区菊川――スモールギャザリングを目指す映画館

元パチンコ屋に出来たミニシアター

菊川《きくかわ》に新しいミニシアター系の映画館「ストレンジャー」が二〇二二年九月、誕生した。都営新宿線菊川駅の真上と言えるほどの駅近である。

ミニシアターは下町では珍しい。いや、そもそも一般の映画館ですら下町には錦糸町と木場《きば》にしかないのだ。

菊川と言っても知らない人がほとんどだろうが、墨田区の南の端であり、都営新宿線で神保町から6駅である。都営大江戸線なら森下《もりした》で乗り換えて1駅。もともとは小さな工場が密集する街だった。

では、なぜそんな菊川に映画館なのか。「映画館をつくろうと思って、最初は自分が住んでいた東横線の学芸大学駅とか中目黒駅付近で探したんです。でもあのへんは基本は住宅地。用途規制上、映画館はパチンコ屋などと同じ興行施設なので、ほとんど物件が見つからなかった。そこで発想を転換して下町のほうなら準工業地域が多いので、ということで探して見つけたのがここです。まさにパチンコ屋の跡地。清澄白河の都立現代美術館からも歩いて15分ほどですし、そういうところとうまくつながっていければいいなと思いました」とオーナーの岡村忠征《ただまさ》さんは話す。

15年前の中目黒なら、目黒川沿いは準工業地域だし、まだ物件が見つかったかもしれない。スターバックスの中目黒店はコーヒー豆を焙煎する巨大な機械を入れるために準工業地域の中目黒に出店したのだし、ブルーボトルコーヒーが清澄白河に出店したのも同じ理由だ。

だが今は下町、東京の東側への関心が高まっている時代だから、菊川という立地も面白いと私は思う。

スモールギャザリングの場所にしたい

岡村さんは映画館を、単に映画を上映する施設ではなく、カルチャーのメディアにアップデートしたいという。客が映画を鑑賞するだけでなく、映画を見た後に岡村さんたちスタッフと会話したり、情報を交換したりするコミュニケーションの場にしたいのだ。

菊川駅近にできたミニシアターStranger

「スモールギャザリングと僕は言っているんですが、マスな映画館とか、ネットで見る映画とは別に、特定の小さな場所に集まって映画を見て語り合うみたいな場所が求められていると思うんですね。映画も、ただ上映するのではなくて、誰かの解説がつくとか、そういう情報を交換する場になりたい」

そこでホールの横にはカフェをつくり、映画を見た後に去りがたそうにしている客がコーヒーを飲んだり、スタッフと話したりできるようにした。スタッフは映画狂が揃っているが、カフェの店員さんも映画好き。なぜか女性ばかりになった。自分も含めて男性は初めから対立的な議論しようとしてしまう傾向にあると思うが、採用の面談をした女性たちは比較的多様な見方を許容して語り合うことが上手だったので、ストレンジャーにふさ

オーナーの岡村さん。左の棚の冊子は特集上映に合わせてつくる。中身も濃い

カフェの店員さんも映画好きで客と会話する

わしいと思ったと岡村さんは言う。

映画は配給権を買って独自の特集をする他、単なるチラシやパンフレットではなく、各特集専用の冊子を毎回つくる、さらに独自のグッズもつくるという熱の入れようだ。

古着屋のある街は良い街だ

映画評論家でもある川本三郎は、良い街には良い居酒屋と良い銭湯と良い古本屋があると言う。古本屋で本を漁り、手にカビとホコリがついたところで銭湯に行き、さっぱりしてから小さな居酒屋へ、というわけである。まさに理想的だ。

だが私はこの川本さんの説に、良い街には良い古着屋と良い中古レコード屋、そしてできれば良い古道具屋か中古家具屋も加えたい。これら6つが揃っているのが西荻窪で、だから私は西荻窪から転居できないでいるのだ。

これらの店の共通点は、店主の商品愛と商品知識が豊富なことである。わからないことを聞けば何でも教えてくれるし、調べてくれる。古着屋なら服の素材、織り方、染め方、ボタンの付け方などについても詳しい。古着屋や中古レコード屋に行ったら毎回買い物をするわけではないが、店主と話しに行くのが楽しかったりする。彼らの「解説力」が魅力なのだ。もちろん古本屋も居酒屋も良い店は店主に解説力がある。くどい解説を聞かされるのは困るが、いまどきの若い店主はそのへんはさらりとやるだろう。

実際、下北沢のある古着屋は、コロナでリモート授業が増えて入学以来友達があまりつくれない、友達と会話をする機会がないという学生たちの溜まり場になっているとＮＨＫのニュースで何度も放送していた。ファストフード店やコンビニで話すことはないし、飲食店はコロナで休みがちだったから、店主と馴染みになって会話をするというと、古着屋が適していたのかもしれない。普通の新品の洋服屋でもいいはずだが、チェーン店では会話は成り立たない。店主のこだわりがある洋服屋やセレクトショップとなると、値段も高いから普通の学生には縁遠い。だが古着屋は安いし、そんなに客が押しかけて忙しいという業態ではないところも適している。中古レコード屋もそうだろう。古本屋もそうなのだが、店主が話しやすい人ではないように見えるのと、静かにしないといけない場所なので、会話はしにくい。

つまり中古品というのは、大量生産された既製品を売る店とは異なり、中古品を介して個人の自由で多様な活動が多発し、交流が促進される場所なのだ。

お互いの情報をシェアする

岡村さんの本業はデザイン会社の経営である。やはりコロナでリモートワークになった。ずっと部屋にいると飽きるので、あるときから学芸大学駅周辺を意識的に30分くらい散歩するようにした。古着屋、古本屋、そして花屋。コロナで在宅時間が増えたために部屋に花を飾る人が増えたという。岡村さんもそうだった。仕事柄、花器にも目が向いた。そして5分か10分、店主と話をする。そういう場所が大切だと改めて感じたという。

「中古レコード屋って、客が他の店で買ったレコードを見せに来るんですよ。新品のレコード屋でそんなことしないでしょ。客も店主も会話したいんですね。こんなレコード見つけたよ、え、どこにあったの、なんて会話をする。ストレンジャーもそういう映画館になりたい」

それを聞いて思い出したのが、中古住宅のリノベーションの第一人者であるブルースタジオの大島芳彦さんが言っていたことだ。リノベーションが始まった20年ほど前、安いワンルームマンションをリノベして友達を招く。すると、え、古いマンションがこんなふうに変えられるの？　自分で考えたの？　どこに頼めばこんなことができるの？　という会話が生まれるのが面白かったそうだ。その話と中古レコード屋の話は似ていると思った。自分が見つけた物や、実際にやってみた生の情報を人に伝えたり、お互いに情報をシェアしたりするのが楽しいのだ。

シン墨東散歩コース

菊川駅周辺はストレンジャーがあるとはいえ、その他はファストフードなどチェーン飲食店がほとんどである。しかし、菊川駅上を南北に走る三ツ目通りを南下し小名木川を渡れば清澄白河。そのまま行けば都立現代美術館に着く。

たしかに橋を渡ると風景が一変する。タワーマンションが増えるだけではない。しゃれた店が増える。ていねい系の生活雑貨店、洋書の写真集やデザイン本の古本屋、質の良い古着屋、こだわりのありそうなカフェやレストラン、ヨーガンレールのブティックなどなど。この20年ほどですっかり都会的な街になった。

ためしに菊川から森下駅まで歩いてみる。しゃれたシェアキッチンGRIGLIA share kitchen & spaceやパン屋Boulangerie MAISON NOBU、撮影スタジオstudio Coucou（クークー）などができている。明らかに清澄白河から新しいカルチャーが染み出してきている。

シェアキッチンは菓子製造&飲食店許可付きで、まだ自前の店舗は持てないがカフェ、スイーツ、デリ、ケータリング、パンなどの小さなお店を始めてみたいという人のための場所らしい。その店がある築60年近いと思われる都営住宅も、街歩きの目から見ると魅力的である。1階が店舗なのが良い。こういうビルに次代を担う若者が集うはずである。古着屋も中古レコード屋も古本屋も建築家もデザイナーもこのビルに集積したら面白い。

近くに古い街中華があったので昼食をとった。店主のおばあちゃんから昔話を聞いて楽しむ。森下の商店街に入ると、やっぱりここにも質の良い古着屋がある。森下というと、居酒屋番付東の横綱と言われる「山利喜《やまりき》」があり、桜なべの「みの家」、門前仲町の有名店「魚三酒場」

小名木川を渡り清澄白河に入ると、おしゃれな店と人が急に増える。都立現代美術館が近いので美術書専門古書店もあり、美術館と連動して本を売っている（取材当日はディオールの本を売っていた）。下町らしい古い建物が混在するのもむしろ魅力だ

の支店もあるなど、酒飲みおじさんの街というイメージもするが、今は新しいレストランなども増えているのである。そして魚三酒場ではアラサー女性３人組、というイまどきの風景も目にすることができる。

　そういえば「喫茶ランドリー」も森下から近いはずだと思い、数分歩いてコーヒーを飲んだ。このあたりは地形が平坦だから、歩いても楽である。地下鉄１駅間が数百メートルしかないので、電車で移動するより歩いたほうがいい。地図で見るとストレンジャー、都立現代美術館、喫茶ランドリー、清澄庭園はほぼ１㎞四方に収まる。

　現代美術館で展示を見て、ストレンジャーで映画を見たら、古着屋と古本屋を巡りながら散歩して、隅田川沿いのカフェ

ストレンジャーから森下商店街方面に歩くと、新しい店ができていた。古いビルも魅力。左下のカフェは右下の古い都営住宅の１階にある

CLANN BY THE RIVERで一休み、最後は森下の居酒屋へとか、そういう街の楽しみ方ができそうである。おそらく5年以内にそういうスタイルが広がっているはずだ。

本書に執筆いただいた原稿にも私の原稿にも古着屋や中古レコード屋や古道具屋（アンティーク店）がまちづくりの要素として登場するが、これは脱ファスト風土という観点から見て偶然ではない（第9章、第13章）。それらの中古品は、中古になった時点で大量生産品ではない個性を持つ。それを売り買いすることは、百貨店やショッピングモールなどで新品の大量生産品を単なる消費者として買うのとは異なる面白さをわれわれに与える。ひとことで言えば、気に入った中古品を探すこ

とは宝探しのようなわくわく感をもたらす。そして自分の物を売る場合でも、いくらで買い取ってもらえるか、そのためにどう工夫するかも含めて面白いのである。

これを物ではなく、街や人に当てはめるとどうなるか。古い街を捨てて単に郊外のロードサイドの新しい店に行くのではなく、古い建物、古い店、古い看板、古くからある商品などなどを、愛着を持って再評価し使いこなしながら、街全体を今の時代にふさわしい魅力を持ったものに変えていく。

そして、家事や趣味で美味しいパンを焼く人、素敵なアクセサリーや雑貨や家具をつくる人、洋服や時計を修理する人などなどが、単なる生活者としてではなく、プレイヤーとして、アクターとして街に出てくる。この15年ほどの間に各地で行われて増加してきたまちづくりは、こうした街と人の捉え直しによって行われてきたのである。

おそらく今後はますますこうした動きが広がり、ショッピングモールすらがそうした動きを取り入れ、脱ファスト風土的なまちづくり、場所づくりが盛んになるだろう。

第16章　第五の消費社会5つのS

三浦　展

ウェルビーイングとは

ウェルビーイングという言葉が流行っている。それが意味することはもちろん正しい。しかしそもそも、そういうふうに海外からコンセプトを輸入して来ないと何かを始動しない日本人の態度が私は嫌いである。Z世代でもパーパスでもなんでもそうである。なぜいつまでも欧米から概念を輸入するのか。

もちろんウェルビーイングというコンセプトによってGREEN SPRINGSのような素晴らしい場所ができているのだから、コンセプトは良い。良いのだが、本来ならば日本の過去、現在から将来を見据えて、日本人の頭でものを考えて、日本が今後どうあるべきかを考えるためのオリジナルな思想を生み出すべきだと思う。

でも「ジャパン・アズ・ナンバーワン」の時代ですら、日本発の思想を生み出せなかったのだから、失われた30年を経験した今の日本がオリジナルな思想を生み出せないのは当然か。いや、「ジャパン・アズ・ナンバーワン」の時代は「追いつき追い越せ」の時代だから、オリジナルな思想がなくても当然だ。むしろ失われた30年を経た日本だからこそ、オリジナルな思想を生み出せるのではないか、とも言える。

たとえば日本の子どもの貧困率はOECDの中でも上位である。保育園が乳幼児を車に置き去りにして殺してしまったり、保育士が子どもを虐待する事件も連続した。シングルマザーの問題、児童虐待の問題などもある。また青少年の自殺は多い。自分に自信を持っている青少年は他国より際立って少ない。これでどこがウェルビーイング？　と思ってしまう。

現状では、ウェルビーイングはどちらかというと、裕福で健康な高齢者、あるいはそうであろうと努力できる高齢者とその予備軍を大前提に考えられているように思える。それらの高齢者の子どもや孫の幸せな暮らしが永続することを求めて考えられているように見える。少なくとも一般企業がウェルビーイングを事業に取り込もうとすれば、特にその事業を広告表現しようとすれば、そうなる。

それはそれでいいが、そういう幸せな人たちばかりではないわけで、そこも含めたウェルビーイングはどこでどう考えているのかが気になる。つまり、悲しみや淋しさを受け止めることも含めたウェルビーイングである。それがないと、いわば「ウェルビーイング格差」が最初から前提にされてしまうだろう。第6章で取り上げた氷河期世代の犯罪も、ウェルビーイングを得られなかった人々（悲しみを受け止めてもらえなかった人々）を多く含む世代の問題として考えることができる。

だから私はあるときウェルビーイングについて聞かれた際に、超高齢社会、健康長寿社会という観点からウェルビーイングが語られている印象があるが、若者・子どもの孤独、自殺、貧困などの現状を見ると、若者のウェルビーイングこそが論じられなければならないのではないかと指摘した。そういうところからもオリジナルな思想はつくり出せると思う。

消費（コンサンプション）ではなく自己充足（コンサマトリー）

たとえば私が第四の消費というコンセプトの下に想定する具体的な生活行動と、ウェルビーイングの名の下に想定されているそれは似ている。違う点があるとすれば、第四の消費は企業でも消費者でもなく市民を主体に考えていること、シェアを重視し、究極的にはお金があまりなくても幸せに生きていける社会を理想として想定していることであろう（さらに個人的な価値観で言えば、夢も希望もなくても、毎日まじめにやることをやっていれば満足できる社会が理想である）。

企業がお金の要らない生活像を描かないのは当然であるし、実際、第四の消費について話を聞きたいと言ってきた日本企業は少ない（中国企業は多いが）。第四の消費は市民の自主的な活動のモチベーションになる考え方だが、企業のメシの種としては魅力的なコンセプトではないのである（ただ、最近になって急に「第四の消費」「永続孤独社会」という考え方を出した私への企業からのインタビューが増えた。これはまさにウェルビーイングが流行しているからだ）。

だからといって、巨大ショッピングモールが今後も発展するとは誰も思っていないだろう。物を買うだけならネットでいいのだし、その傾向をコロナが加速させた。人口減少、超高齢化、超少子化、個人化（孤独化）というトレンドの中では、もっとスモールサイズのローカルな・リージョナルなものが大切になるはずだ。

結論を先に言えば、第四の消費以降の時代における、あるいはウェルビーイング時代におけるまちづくり・開発は、消費（コンサンプション）ではなく自己充足（コンサマトリー）を重視せざるを得ないのである。人間を消費者としてだけ見るのではなく、生きる総体として見る視点が重要になるのだ。

人間を生きる総体として見るとき、生まれてから死ぬまでの時間という概念が大事になる。何を買うかではなく、どう生きるか、今日一日が（究極的には自分の人生が）充実していたか・幸せだったかを人々はますます問うようになるのである。

マーケティングの世界ではコト消費という概念がすでに過去30年くらい重視され、時間消費という概念も重視されてきた。しかしそれが消費であるかぎり、企業は人を消費者として見るのであり、お金を使ってくれてなんぼということになる。物を売る店を減らして、飲食、映画、ジム、ゲームなどの施設を提供してお金をとるようになる。

だがそれだけではコンサマトリー（自己充足的）な場所、ウェルビーイングな場所にはならない。公園でラジオ体操をしたり、ジョギングをしたり、ウォーキングをしたり、ヨガや太極拳をしたりするように、いわゆる商業施設でも、いろいろなことが無料もしくは安価でできる自由な場所が求められる。

もちろんそれだけでは企業は儲からないから、商業施設側はそれらのスポーツに適した物を売る店をつくり、ジムや教室をつくることになるだろう。だが店やジムや教室という箱をテナントとして入れる時代ではなく、人がスポーツをしている場所に近寄って屋台のようにして物を売るとか、教室自体もいろいろな場所で行われることが求められるようになるだろう。実際、ヨガやピラティスの教室は、固定した教室で専属のインストラクターが指導するのではなく、フリーのインストラクターが各地で場所を借りて行うことも非常に多い。ＳＮＳがあるからそうした活動が容易になった。そうなると、固定した場所にテナントとして教室があることが無意味化するかもしれない。

不思議なもので、昔の喫茶店は1杯のコーヒーで2時間滞在して会話や読書ができたし、本屋はなにも買わなくても1時間くらい立ち読みができ、レコード屋もレコードを眺め、試聴ができ、友人や店員たちと話ができて、何も買わなくても過ごせた。だが景気の悪い現代では、そんな余裕は店にはない。だったら飲み物を持って公園に行こうということになり、音楽もストリーミングサービスを使ってイヤホンで聴きながら公園で寝転がれば良いとなった。豊島区の南池袋公園の成功のように、芝生の広場をつくり、そのまわりにカフェをつくれば人は集まり、語らい、読書し、お弁当を食べる。こういう場所が全国各地に求められるし、今後も確実に増えていくだろう。その場合、企業の営利活動というより、市民・行政・企業の連携した活動になるだろうし、すでにそういう活動は増えてきた。企業がそういう時代にお金を稼ぐのは大変であるが、誰だって不快な場所でお金を使いたくないので、まずは心地よい場所をつくることが先決であろう。

このあたりのことは田中元子《もとこ》さんの名著『1階革命』に詳しい。田中さんが墨田区に喫茶ランドリーをつくり、その思想と行動が各地に広がる過程を書いた感動的な本である。同書にファスト風土の代表的企業イオンモールが、喫茶ランドリーの活動に注目し、千葉市緑区のスーパー・マックスバリュおゆみ野店（ショッピングモールイオンタウンおゆみ野の一部）の軒先空間のリニューアルを田中さんに依頼した事例が出ている。田中さんは利用客以外にも自由度が高く感じられる場所をつくるため、男性おひとり様も家族連れもゆったりできるベンチなどのしつらえをしつつ、いかようにでも使いこなせる場所として設定し、コミュニケーションを含めたアクティビティを誘発しようとした。肥大化し匿名的になった巨大空間から脱するため、店員がマニュアル通りに動くのではなく一個人として人々に声をかけたりするようにしてもらった。その場所は次第にいろいろな活動にも使われるようになり、店舗内の英会話教室の先生が英語の絵本を読み聞かせしたり、地元のハワイアンダンス学校の発表会が開かれるようになったという。

つねに批判はするべきだ

それからファスト風土化批判の一環として巨大ショッピングモールを批判すると、ショッピングモール好きな方々から「ショッピングモールがなければ寂れた古くさい商店街しかなかったのだ」といった反・批判が寄せられることが多い。

だが、ショッピングモールがなければ中心市街地を活性化する方策がもっと早く考えられたと思う。すでに弱りかけていた中心市街地を放置して、郊外化を促進したのは住宅産業と自動車産業と土木建設産業によって経済成長をさせようとしていたからであり、良い街をつくろうとしたからではない。さらに一九九〇年代はまだ日本の経済力が強くて、アメリカから日本は内需拡大をしろと言われていたからである。

ところが中心市街地が決定的に衰退し始めると、今度は中心市街地活性化やらコンパクトシティ化に予算を付ける。馬鹿みたいである。だったら30年前から中心市街地活性化のための方策を考えれば良かったのである。しかもアメリカでは一九九〇年代からニューアーバニズムなどの新しいタイプの住宅地づくりが増えてきたのである。それを見れば日本の伝統的な市街地や商店街を活かした都市再生が可能だったし、するべきだったとわかる。

中心市街地には良いところもあるし悪いところもあるだろう。同様にファスト風土にも、悪いところだけでなく良いところもあるのかもしれない。ファスト風土化に良いところがあるとすれば、たとえばどんな田舎に行ってもモールの中にタワーレコードがあって、音楽好きの若者の情報収集力が飛躍的に増えて、地方からたくさんのアーチストが誕生するようになったということがあるかもしれない。ただそれも今後はネットで十分である。

また、ニュータウンは完璧じゃなかったが、じゃあ、ニュータウンがなかったらどうなっていたんだと主張する都市計画の専門家もいる。だが誰もニュータウンが完璧じゃなかったことを批判しているのではない。ニュータウンはある時代に必要なものだったかもしれないが、今の時代に合わないところは修正しようというだけである。いわば「ニュー・ニュータウン」をつくりたいだけである。

そもそも、ニュータウンがなかったらどうなったかという問い自体に私は傲慢さを感じる。それは自動車の普及によって公害が増え、交通事故が増え、一九七〇年の交通事故死者数は年間1万6765人、負傷者は98万1096人で最多となったが、じゃあ自動車がなかったほうがいいのか、という問いのようなものである。過去70年に交通事故死者数は62・3万人、負傷者は何と４８００万人である。死者には事故後24時間以後に死んだ人は含まれない。後遺症で苦しんだ人、苦労した遺族・遺児の数は膨大である。加害者になってしまい苦労した人もいる。おそらく過去70年間で交通事故で何らかの肉体的精神的苦痛を味わった人やその家族まで含めれば国民の７割くらいはいるのではないか。

　それだけの犠牲を払っても、経済成長のため、社会生活の利便性のためにわれわれは自動車がない暮らしを選択しなかった。だが公害も交通事故も減らしたいので、道路を改善し、横断歩道も歩道橋も信号も増やし、ガードレールもつくり（まだ足りないが）、交通標識も増やし、飲酒運転は厳罰化した。自動車自体は事故を起こしにくく、事故があっても死亡しにくいデザインに変わったし、排気ガスはきれいになった。つまり自動車社会全体についてあらゆる改良を施してきたのである（二〇二一年は死者２６０１人、負傷者35万６４１９人）。

　自動車社会を改良してよいのに、ニュータウンや郊外を改良してよくないはずはない。ファスト風土に問題があるなら、それを改良したり、それとは違う風土を目指したりすることにも何の問題もない。

　また、酒鬼薔薇聖斗事件が起きたとき、まさに宮台教授や私がこうした犯罪を誘発するものとしてのニュータウンという視点を提示したが、その際やはり、ある高名な都市計画家が「犯罪を生まない都市など計画できない」と言ったらしい。

たしかに、あらゆる犯罪が一つも起きない都市は計画できないし、ある意味では刺激がなくて面白くもないかもしれない。だが、だからといって、もし都市計画がひとつの「科学」であるなら、最初から「犯罪を生まない都市など計画できない」と言ってしまうのは科学性の放棄ではなかろうか。

たとえば、広い道路沿いに巨大なショッピングモールの、窓のない壁がそそり立っている歩道を人は楽しく歩けないし、気分が落ち込んだときにそういう場所を歩けばますます気分が滅入って、殺人とまではいかなくても万引きくらいはしたい気分になるかも知れないと私は考える。だったら、その壁を前述のイオンのように（!・）、あるいはGREEN SPRINGSの中庭のように、みんなが楽しく過ごせる場所に変えればいいと思う。

もちろん、そのように楽しそうな場所自体を不快に感じて犯罪を起こす人がいないとは限らない。それくらい人間の心理は複雑である。だからといって「犯罪を生まない都市など計画できない」と言うべきではない。静かに悲しみを噛みしめながら過ごせる場所につくればいいと思う。

音楽も絵画も、アートというものは人々に楽しさ、うれしさをもたらすとともに、悲しみを受け止める何かをもたらすものである。都市計画が科学であり同時にアートであるとしたら、都市計画はやはりそこに生きる人々の悲しみをいかに受け止めるかを考えるべきであろう。

現実的に考えるとニュータウンが当時としては最善の選択だっただろうと私も思うが、ニュータウンがなければ、郊外は民間主導の乱開発だらけになったかもしれないし、23区内はマンションだらけになったかもしれないし（今はそうなったが）、あるいは東京集中が緩和されて地方分散が進んだかもしれない。いろいろな可能性もあったと思う。

いずれにしろニュータウンは60年前の計画だから、今から見ると不適切なところがある。だから、現状を分析して将来を考えることには意味がある。ただそれだけの話である。過去や現状を批判してはならないということには絶対にならないし、なってはいけない。それは自民党の政治を批判するだけではだめで対案を出してから批判しろというのと同じ、傲慢な論理である。すべての社会問題について、われわれは対案はなくても批判はして良いのである。ニュータウンでもファスト風土でもタワーマンションでも、もちろん他のどんなものにも、嫌なものは嫌とまず言ってよいのである。言ってから対案を考えてよいのである。

私は、ファスト風土を批判するなら対案を出せと言われると最初から思っていたので『ファスト風土化する日本』を出した翌年に『脱ファスト風土宣言』という本を出した。仙田満、隈研吾、齋木崇人《たかひと》、渡和由《わたりかずよし》、竹内昌義、馬場正尊《まさたか》、甲斐徹郎、服部圭郎《けいろう》各氏に寄稿していただき、オギュスタン・ベルク先生には対談をしていただいた。そこで私は「社会問題解決型団地」という提案をしているが、この考え方と同じような活動はその後団地や住宅地の再生活動としてたくさん出てきた。誠に喜ばしいことである。

また『吉祥寺スタイル』『高円寺東京新女子街』『奇跡の団地　阿佐ヶ谷住宅』『ニュータウンに住み続ける』などを、私としてはファスト風土化への対案として出版した。私は都市や建築の専門家ではないので、渡和由、大月敏雄ら各氏の専門家の力を借りた。渡さんには監視カメラに頼らないまちづくりの視点があり勉強になった。

そして時代は少しは良くなったと思う。少なくともショッピングモールしかないよりは、ファスト風土しかないよりは、かなりまともになったはずである。

第五の消費社会はどうなる?

第Ⅲ部の冒頭で紹介した「第四の消費社会」論的にファスト風土を考えてみる。最初に考えたとき、第四の消費社会は二〇〇五年から二〇三四年までの30年間だと想定したが、今思うと、山一證券破綻の一九九七年からコロナ禍の二〇二〇～二二年までの23～25年間と考えたほうがいいかもしれない。だからもう今は第五の消費社会に入ったのかもしれない。

世の中にはせっかちな人がいて、『第四の消費』が出るやいなや、第五の消費はどんなものになるのかと何度も質問された。第五の消費について語れば、じゃあ第六の消費はどうだと聞かれるに違いなく、そうなれば第九の消費はどうだ、第十三の消費はどうだと果てしないことになる。

冗談はさておき、第五の消費社会では第四の消費がさらに広がると予測できる。が同時に、ＡＩなどの技術が進んで、リアルなものや人間関係を重視する第四の消費とは反対に、ヴァーチャル化した消費が急拡大するとも予測できる（拙著『永続孤独社会』参照）。

二〇一二年に『第四の消費』を書いたとき、喜んでくれたのは当時の25～40歳くらい、今の35～50歳の人だった。特に建築、まちづくり関係の人に多かった。

だが今の20代は価値観がちょっと違ってきていて、『永続孤独社会』でも書いたように、たとえば「つながり重視で高級品は不要」という第四の消費的な価値観の人が少し減っている（三菱総合研究所が毎年実施している3万人調査「生活者市場予測システム」による）。

10年前の若者は、中高生時代に親世代の景気が良かったからバブルを多少は知っていた。でも今の20代は小さい頃から不景気だった。だからお金や高級品を求める意識が強まっているのかもしれない。またスマホを介した間接的なコミュニケーションが広がったために、直接的なコミュニケーションを面倒だと思う人が増えたかもしれない。ヴァーチャルとファスト風土が所与の前提なので、それを疑問に思わないであろう。

だから今の若い人に第四の消費が順調に浸透していくとは思えない。だが長期的には、今の

20代にも第四の消費的な価値観は広まるのかもしれない。それはまだ私にもわからない。そこでここでは現段階における私の仮説をファスト風土論と関連づけながら最後に書いておく。

「再人格化・再生活化」対「脱人格化・脱生活化」

第四の消費は、物優位の時代への反省であり、再人格化を目指すところに特徴がある。物の豊かさより人のつながりの価値を重視するのであり、その中心にある概念がシェアである。だから店員と客のコミュニケーションのないチェーン店より独立した個人店を好む。

また第四の消費は伝統的な生活を再評価する。個人店で買い物をし、庭の梅で梅干しの漬物をつくったり、梅酒をつくったり、大豆を買ってきて味噌をつくったりする人が増えた。洋服や家具も捨てずに直して使う人が増え、古着屋や中古家具屋が増えた。ストリーミングで音楽を聴くのではなくＬＰやカセットで聴く若者も多い。銭湯好きな若者も増え、それが高じて銭湯の近くに風呂なしアパートを借りて住むことをあえてやってみる若者も増えた。屋台で物を売る人も増えた。50〜60年前くらいまでは当たり前だった生活を復活する。こうした動きを私は「再生活化」と名付けたのである（『永続孤独社会』）。つまり総じてヴァーチャルなものよりリアルなものを求めていると言える。

他方、ＡＩなどの技術が進めるのは脱人格化・脱生活化である。人に会わなくても、店に行かなくてもスマホをいじっていれば何でも買えて家まで運んでもらえる。おすすめの商品や音楽も教えてくれる。飲食店も不要になり、食べ物は家まで運んでもらう。自炊するときも冷凍食品、レトルト食品が中心。健康食品、サプリメントもたくさん使う。それらの商品の倉庫と、注文に合わせてそれらを運ぶ仕組みがあれば生きていけるわけである（いずれそれも人ではなくドローンが運ぶだろう）。そのうち冷蔵庫に足りないものが勝手に補給されるようになる。テレビニュースもＡＩが読んでいる。クルマも自動運転。音楽も映画もストリーミングで視聴する。だから街には店も映画館も不要になる。店主も店員もいなくなるのだ。

脱人格化・脱生活化した人々が楽しむ究極のショッピングはメタバースの中にある。彼らはアバターになって有名ブランドのヴァーチャル商品を買い、着せ替え人形のようにアバターに着せるのだ。

この再人格化・再生活化の方向と、脱人格化・脱生活化の方向の、いったいどちらが主流になるのか。おそらく両方が主流になる。どちらか１００％という人はいない。30％：70％から70％：30％くらいの間で生きる人たちがほとんどになるだろう。

第五の消費社会５つのＳ

しかし多くの企業の多くの事業はＡＩ化、ヴァーチャル化のほうにより強く進むだろう。Ａ

Iマーケティングによって最大公約数的な均質で画一的な消費を瞬時につかみ、その脱人格的で同質的な消費を大衆に広げようとするだろう。ヴァーチャルなショッピングモールができると言ってもよい。

一方でITはロングテールの消費も可能にした。日本中で100人しか欲しがらない物もネットならば探し出して買うことできる。AIは購買データにもとづき、また100人しか欲しがらない商品を見つけ出して、買ってはどうかと提案してくるだろう。人格的で・異質な消費もAIによって促進されるのだ。

それに対してAI・ネットにあまり依存しないようにして、多様な人間同士によるコミュニケーションを土台とした生活を広げる人たちも増えるだろう。お店の店主と会話しながら買うことに彼らは喜びを見出す。そして彼らは前述の再生活化のコミュニティをつくり出す。そういうコミュニティができることが彼らにはうれしいからである。

最近はスローレジという動きもある。スーパーなどのレジでは無人化が進んでいるが、その逆に店員とおしゃべりができるレジであり、フランスのスーパーから始まったらしい。日本では高齢者などが小銭やポイントカードを出すのに手間取ったりする場合に、店員がサポートしながらゆっくり会計するものだという。ファスト風土化した地方はどうか知らないが、東京の商店街ではまだ八百屋などが残っていて、なじみの客と店員が会話しながら売り買いをすることも多い。もともとスローレジなのだ。他方、ファスト風土化が進むと、威勢の良いはずの居酒屋や寿司屋までタブレットなどにタッチして注文するようになる。

以上をまとめると、ＡＩ化の進めるファストで脱人格的な社会（それを産業界ではスマートという！）、ビッグでハードな都市に対する反動として、ますます人々は「**スロー slow**」「**スモール small**」「**ソフト soft**」「**ソーシャブル sociable**」「**サステイナブル sustainable**」な生活を実現しようとするし、それが実現できる街、地域を選ぶようになるだろう。つまりローカル、エリアが大事になる。クルマで遠くまで買い物や娯楽に行くのではなく、歩ける範囲のエリアの暮らしを充実させ、ゆったりと、地域や趣味などの複数の小さなコミュニティに属しながら、ファストフードではなく地産地消的な食生活を心がけ、断片的な浅い情報を大量に複製して流すだけの表層的なマスメディアやネットメディアに惑わされないように、地に足の着いたローカルでスローでスモールな深い（しばしばアナログな）メディアをつくって物事の本質を考え、ソフトシティ[1]的な街の中で、個人店の店主や飲食店の客などと会話を楽しみながら社交的に暮らすようになるだろう。それこそが持続可能（サステイナブル）な暮らし方にもつながっていくはずだから。

1　ソフトシティとは以下のような原理からつくられる都市であるとされる。感応性（寛容性、柔軟性、可変性など）、安楽、快適性、分かち合い（社交的、共有、お互いなど）、多元性、簡潔性（ローテク、ローコスト）、小ささ（人間的スケールなど）、五感への訴え、穏やかさ、信頼、気配り、誘引（友好的な、近づきやすい、入りやすい）、エコロジー（ディビッド・シム『ソフトシティ』鹿島出版会、二〇二一）。

三浦展（みうらあつし）
1958年新潟県生まれ。社会デザイン研究者。'82年一橋大学社会学部卒業。（株）パルコ入社。マーケティング情報誌「アクロス」編集室勤務。'86年同誌編集長。'90年三菱総合研究所入社。'99年カルチャースタディーズ研究所設立。消費社会、家族、若者、階層、都市、郊外などの研究を踏まえ、新しい時代を予測し、社会デザインを提案している。
著書・編著に『下流社会』の他、本書との関連では『ファスト風土化する日本』『脱ファスト風土宣言』『下流同盟』『人間の居る場所』『愛される街』『吉祥寺スタイル』『高円寺　東京新女子街』などがある。

再考《さいこう》ファスト風土化《ふうどか》する日本《にほん》　変貌《へんぼう》する地方《ちほう》と郊外《こうがい》の未来《みらい》

2023年4月30日初版1刷発行

著　者 —— 三浦展
発行者 —— 三宅貴久
装　幀 —— アラン・チャン
印刷所 —— 堀内印刷
製本所 —— ナショナル製本
発行所 —— 株式会社光文社
東京都文京区音羽1-16-6（〒112-8011）
https://www.kobunsha.com/
電　話 —— 編集部03（5395）8289　書籍販売部03（5395）8116
業務部03（5395）8125
メール —— sinsyo@kobunsha.com

 ISBN 978-4-334-04659-0